Lisa und Wilfried Bahnmüller

Ab in die Ferien

Oberbayern

Urlaubsspaß für die ganze Familie

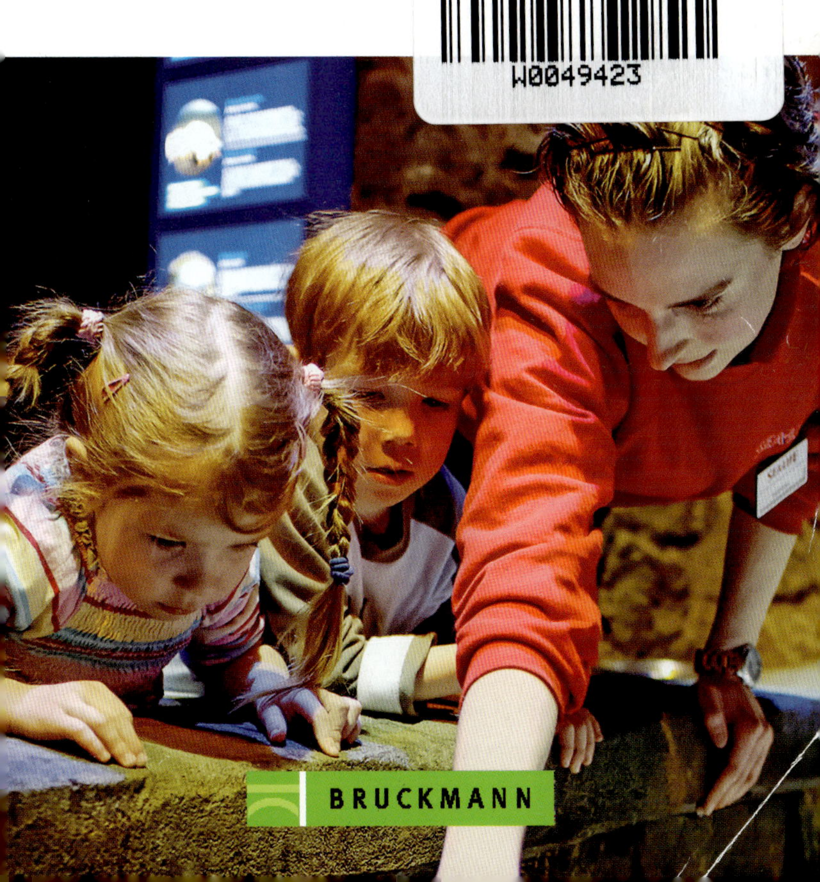

BRUCKMANN

Inhalt

MÜNCHEN

OBERBAYERNS NORDEN MIT ALTMÜHLTAL

FÜNF-SEEN-LAND

BAYERISCHES OBERLAND UND WERDENFELSER LAND

CHIEMGAU UND BERCHTESGADENER LAND

Vorwort

Oberbayern ist ein wahrlich gesegnetes Fleckchen Erde und deshalb natürlich Traumreiseziel vieler Urlauber. Schon das Wort »Oberbayern« weckt Assoziationen und Verheißungen. Mächtige Berge, saubere Seen und grüne Voralpenhügel. Herrliche Schlösser und trutzige Burgen, blumengeschmückte Bauernhöfe, gepflegte Bauerngärten und schmucke Dörfer. Urige Biergärten unter weiß-blauem Himmel, wilde Flüsse und mystische Moore, barocke Kirchen und uralte Klöster, weltoffene Städte wie München oder Rosenheim und natürlich der FC Bayern. Oberbayern repräsentiert ein wunderbares Stück Bayern.

Für Familien gibt es hier wirklich unglaublich viel zu entdecken, sodass ein einziger Urlaub sicherlich nicht ausreichen wird, um alles zu erkunden. Oberbayern hat definitiv Suchtfaktor! So bietet sich die Gegend nicht nur für einen Jahresurlaub an, auch Kurztrips über ein verlängertes Wochenende lohnen sich immer wieder. Nur so schafft man es dann, die wunderbaren unterschiedlichen Landstriche alle zu besuchen.

In Oberbayern können wir auch unbekanntere Ecken wie Ingolstadt erkunden.

Oben: Beim Baden sind alle Kinder glücklich.

Wissenswertes über Oberbayern

Urlaub mit Kindern in Oberbayern

Was wünscht sich eine Familie von ihrem Urlaub? Dass alle glücklich und zufrieden sind! Und eigentlich ist es ganz einfach Kinder glücklich zu machen: Kinder wollen baden, toben, laufen, spielen, herumtollen und ihre Umgebung erforschen. Dafür ist Oberbayern perfekt! Unzählige Seen und Weiher, aber auch glasklare Flüsse und Bäche laden zum Baden ein. Viele Gewässer haben fast Trinkwasserqualität. Gerade auf dem Land ist in Oberbayern die Natur noch überwiegend in Ordnung. Die Kinder können den ganzen Tag barfuß sausen und herumtoben. Man muss nur schmutzige Kinderfüße fürchten, Umweltbelastungen oder giftige Tiere gibt es eigentlich nicht.

Räder lassen sich, wie hier am Chiemsee, in vielen Urlaubsorten auch ausleihen.

Nach wie vor ist eine der Haupturlaubsaktivitäten das Wandern und Bergsteigen. Es gibt unzählig viele, perfekt ausgeschilderte Wanderwege in Oberbayern. Die meisten führen mehr oder weniger hoch hinauf in die Berge – die ja den größten Teil des Landschaftsbildes ausmachen. Aber auch weniger Geübte finden tolle Wanderwege, die flacher entlang der Flüsse oder Seen oder durch Täler führen. Viele Tourismusgemeinden haben einen Teil ihrer Wanderwege extra für Familien mit Kindern angelegt. Auf diesen Themenwegen oder Naturlehrpfaden laufen auch fußmüde Kinder ganz von alleine.

Darüber hinaus bietet Oberbayern aber noch viel mehr familientaugliche Freizeitattraktionen – auch für Tage, wenn das Wetter einmal nicht mitspielt: Freizeitparks, Sommerrodelbahnen, moderne Museen, Schwimmbäder, Funparks, Klettergärten, Kindertheater, Streichelzoos, Bogenschützenparcours oder Schifffahrten. Hier findet sich sicherlich für jeden etwas, egal ob Jung oder Alt. Die Ferien in Oberbayern werden garantiert ein unvergessliches Erlebnis!

Sprache

Ein großer Vorteil ist, gerade für Familien mit kleineren Kindern, dass man in Oberbayern keinerlei Verständigungsprobleme hat. Über den bayerischen Dialekt sollte man sich freuen, wenn man ihn hört. Denn er ist, wie alle Mundarten, immer seltener zu hören. Trotzdem wird er in ganz Oberbayern, natürlich mit regionalen Unterschieden, immer noch gerne gesprochen. Wer sich wie ein Einheimischer fühlen möchte, kommt mit einem freundlichen »Griaß Gott« schon ziemlich weit. Diese Begrüßung ist gerade am Land noch weit verbreitet, denn dort grüßt wirklich jeder jeden! Sprachschwierigkeiten wird es ansonsten höchstens noch auf Speisekarten

Seen gibt es in Oberbayern jede Menge. Einer der bekanntesten ist der Tegernsee.

geben. So gibt es in Oberbayern Semmeln, aber die kennt man heute auch in anderen Regionen Deutschlands genauso wie im Süden jeder den Begriff Brötchen kennt.

Klima und beste Reisezeit

Die beste Reisezeit für Oberbayern gibt es eigentlich nicht. Das ganze Jahr über wird hier für Familien mit Kindern viel geboten. Aber natürlich ist die Hauptreisezeit im Sommer. Dann erreichen die Seen angenehme Wassertemperaturen, aber dann kann es auch voll werden. Vor allem an den Wochenenden oder im August, wenn die Bayern selbst ihre Sommerferien haben, ist viel los.

Auf der anderen Seite finden gerade im Hochsommer viele Kinder-Mitmachaktionen in den einzelnen Tourismusgemeinden statt, und die sind natürlich etwas ganz Besonderes.

Geografische Aufteilung

Oberbayern erstreckt sich vom Lech bis zur Salzach. Im Süden definiert die Grenze zu Österreich das Ende. Im Osten stößt es an Niederbayern, während im äußersten Norden sowohl Schwaben als auch Mittelfranken und

Auch Flüsse wie die Isar sind ideale Ausflugsziele für die ganze Familie.

die Oberpfalz angrenzen. Wobei Oberbayern nicht gleich Oberbayern ist. Die touristisch interessantesten Ziele liegen, abgesehen vom Altmühltal, im oberbayerischen Alpenvorland, das ist das Gebiet südlich von München. Grob umrissen: Alles südlich der Lindauer und Salzburger Autobahn, wobei es natürlich Ausnahmen gibt.

Um das Auffinden der einzelnen Urlaubstipps zu erleichtern, haben wir Oberbayern in fünf große Landschaftsbereiche aufgeteilt, die vor allem touristisch interessant sind und sich so für einen Urlaub hervorragend eignen: München und Umgebung, das nördliche Oberbayern mit dem Altmühltal, das Fünf-Seen-Land, das bayerische Oberland mit dem Werdenfelser Land und den Chiemgau mit dem Berchtesgadener Land.

Haie muss in den Gewässern Oberbayerns keiner fürchten, die leben nur im Aquarium des Sealifes von München (S. 29).

Übernachten

In all diesen Gegenden gibt es jede Menge Übernachtungsmöglichkeiten von Campingplätzen über Pensionen und Ferienwohnungen bis hin zu gehobenen Hotels. Ganz besonders toll für Familien mit Kindern ist natürlich der Klassiker Urlaub auf dem Bauernhof. Hier gibt es wahre Kinderspezialisten mit einem riesigen Angebot an Aktivitäten und natürlich ganz vielen Tieren. Eine hervorragende Internetseite dafür ist: www.bauernhof-urlaub.com.

Essen

Gegessen wird in Oberbayern mit großer Leidenschaft. Typisches oberbayerisches Essen ist eher deftig und meist reichlich. Aber die Auswahl an Gasthöfen und Restaurants ist riesengroß, sodass mit Sicherheit für jeden

Geschmack etwas dabei ist. Erstaunlicherweise gibt es mittlerweile in wirklich sehr vielen bayerischen Dörfern italienische Pizzerien und Eisdielen, was nicht so sehr auf eine Invasion der Italiener zurückzuführen ist, sondern eher etwas mit der großen oberbayerischen Affinität für Italien zu tun hat. Manche Münchner behaupten ja, München wäre die nördlichste Stadt Italiens. Wer aber bewusst einmal heimische, sprich bayerische Küche testen will, dem seien hier ein paar Tipps verraten:

In Oberbayern wird, im Vergleich zu anderen Ländern, eher früh zu Abend gegessen. Es gibt nach wie vor Wirtshäuser, die warme Küche nur bis 21 Uhr servieren. Danach gib es nur noch Brotzeiten. Ein typisches bayerisches Gericht sind natürlich die Weißwürstl. Die werden aber eigentlich nur bis Mittag gegessen. Mit Brezn und süßem Senf und bitte niemals mit Ketchup. Gerade im Sommer sind Brotzeiten, egal ob im Biergarten oder in den Gasthäusern, sehr beliebt. Wurstsalat, Obatzda (ein würziger Camembert-Butter-Aufstrich) oder Leberkäs sind da die Klassiker. Dabei sollte man gleich auch etwas über oberbayerische Biergärten wissen. Eigentlich hat jedes gestandene Wirtshaus im Sommer auch einen Biergarten vor oder hinter dem Haus. Genaugenommen ist das aber ein Wirtsgarten. Hier kommt die Bedienung an den Tisch und nimmt Bestellungen auf. Ein echter Biergarten ist groß und funktioniert nur mit Selbstbedienung. Dabei holt man sich das Bier von einer Schankbude, und wer hungrig ist, kann auch etwas zu essen kaufen. Das Besondere daran ist aber: In einem echten Biergarten darf man sein eigenes Essen selbst mitbringen und verzehren. Und das zelebrieren viele Einheimische geradezu stilvoll mit Tischdecke und riesigem Brotzeitkorb, gefüllt mit allem, was schmeckt. Eine Besonderheit zur Einkehr sind auch die Almen und Berghütten in den Alpen. Dort ist es nicht üblich sein mitgebrachtes Essen auf der Terrasse zu verzehren, auch wenn

Egal welchen Ausflug wir im Urlaub starten, im Sommer sollten wir die Badesachen überall dabei haben.

man sich seine Getränke selbst beim Hüttenwirt oder beim Senner holt. Für eine mitgebrachte Brotzeit setzt man sich an den Gipfel, nicht vor eine bewirtschaftete Hütte.

Von A nach B

Oberbayern hat ein gut ausgebautes öffentliches Verkehrsnetz. Gerade rund um München ist durch das große S-Bahn-Netz vieles ganz entspannt zu erreichen. Dafür muss man mit keinen Staus rechnen und hat niemals Parkplatznot. Durch die Nahverkehrszüge der Deutschen Bahn, der Bayerischen Oberlandbahn oder des Meridian und den lokalen Busverkehr kommt man auch ohne Auto bis in die entlegensten oberbayerischen Ecken. Lediglich etwas mehr Zeit muss man dafür einplanen. In diesem Buch stehen nur allgemeine Angaben für die Bahn- oder Busanreise. Exakte öffentliche Anfahrtswege zu beschreiben würde den Rahmen vollkommen sprengen. Je nachdem, von welcher Seite man zu den jeweiligen Hits für Kids anreist, gäbe es auch da sehr viele verschiedene Möglichkeiten. Noch dazu verkehren die Busse unter der Woche öfter als am Wochenende. Das alles aufzulisten, wäre wirklich zu verwirrend.

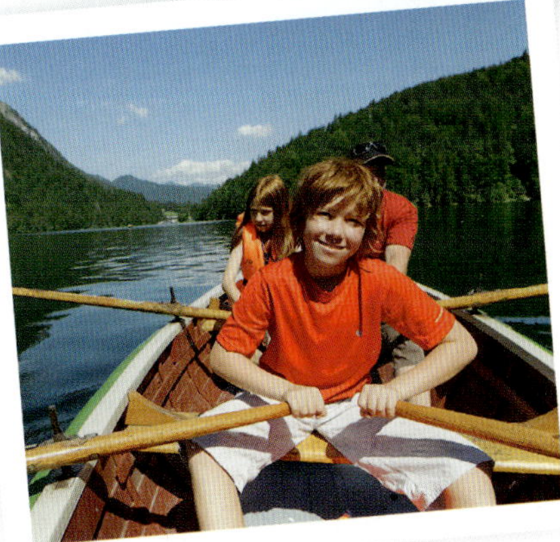

Oben: Es ist Urlaub – da dürfen wir die Füße und die Seele einfach mal baumeln lassen.

Unten: Oder uns sportlich betätigen – und wenn es in einem Ruderboot auf dem Königsee ist.

Den Überblick über die Münchner Altstadt verschaffen wir uns z.B. vom Kirchturm des Alten Peter.

MÜNCHEN

München, Hauptstadt mit Herz

München ist nicht nur die Hauptstadt des Regierungsbezirkes Oberbayern, sondern gleichzeitig die Landeshauptstadt von Bayern. Hier leben 1,5 Millionen Menschen, das ist immerhin die drittgrößte Stadt der Bundesrepublik. Aber München ist eine besondere Großstadt. Im Gegensatz zu manch anderen Metropolen hat sich München einen fast schon heimeligen Charakter bewahrt. »Minga«, wie es nach bayerischer Mundart genannt wird, ist irgendwie immer ein Dorf geblieben. Dabei geht die Gründung Münchens auf einen eher unfairen Schachzug durch den Welfenherzog Heinrich den Löwen im Jahre 1158 zurück. Er ließ hinterhältig eine Brücke über die Isar in der Nähe des heutigen Oberföhring zerstören. Über diese Brücke führte eine bedeutende Salzstraße, aber sie gehörte nicht ihm, sondern dem Bistum Freising. Eine Brücke im Mittelalter war ja gleichzusetzen mit einem Goldesel im Keller: Regelmäßig spülte sie Geld in Form von Brückenzoll in die Kassen der jeweiligen Besitzer. Und Heinrich der Löwe litt ständig an Geldnot. Deshalb ließ er besagte Brücke zerstören, um die Salzstraße umzuleiten. Weiter nach Süden auf sein Hoheitsgebiet, wo er eine neue Brücke errichten ließ. Sie stand wohl ungefähr dort, wo heute die Ludwigsbrücke die beiden Isarufer miteinander verbindet. Hier gab es damals schon eine Siedlung mit Marktrecht, aber durch den komfortablen Flussübergang kam der Aufschwung. Im Laufe der langen Geschichte wandelte sich die Siedlung zur Stadt, deren Aufschwung bis heute anhält.

München und seine unmittelbare Umgebung sind übrigens hervorragend für Familien mit Kindern geeignet. Ein absolutes Muss sind die »Big 5«, die fünf größten und besten Ausflugsziele: der **Tierpark Hellabrunn**, das **Deutsche Museum**, die **BMW Welt**, die **Allianz Arena** und die **Erdinger Therme**. Für diese Ziele lohnt sich immer ein extra Ausflugstag. Aber natürlich gibt es in München noch viel mehr zu entdecken. Wie wäre es mit einem **Bummel durch die Altstadt** rund um das Neue und Alte Rathaus von München? Dort kann man, um sich einen Überblick zu verschaffen, auf den Turm der Kirche St. Peter, von den Münchnern Alter Peter genannt, steigen. Es gibt den Viktualienmarkt samt Biergarten, das tolle **Karl Valentin Museum**, die Frauenkirche, den Alten Hof und die Residenz.

Toll ist auch die grüne Lunge der Stadt, der **Englische Garten** mit seinem Eisbach, auf dem die **Surfer** toben. Dort gibt es am Chinesischen Turm einen beliebten Biergarten, aber auch den Monopteros oder den Ruderbootverleih am **Kleinhesseloher See**.

Bei schlechtem Wetter locken das Marionettentheater, das **Theater für Kinder** oder die Schauburg, das Theater der Jugend. Ein Ausflug zum **Schloss Nymphenburg** ist zu jeder Jahreszeit schön. Dort gibt es neben dem riesigen Schlossgarten auch das Museum Mensch und Natur. Oder wie wäre es mit einem Bummel durch den **Olympiapark** von 1972? Die spannende Architektur sucht seinesgleichen und zählt mit dem Olympiaturm zu den Wahrzeichen der Stadt.

Zu guter Letzt sollte man die vielen Veranstaltungen nicht vergessen: Das **Oktoberfest**, das aber schon immer in den letzten zwei Septemberwochen stattfindet, ist weltberühmt. Wunderbar ist die dreimal jährlich stattfindende **Auer Dult**. Es gibt das legendäre Sommer- und **Winter-Tollwood**, die Lange Nacht der Museen und das **Stadtgründungsfest**. Dort erinnert man sich historisch an den sogenannten Augsburger Vergleich. Also an den 14. Juni 1158, den Tag, an dem der Streit über die Verlegung der Salzstraße zwischen dem Herzog Heinrich dem Löwen und dem Bischof von Freising vertraglich beigelegt und »munichen« zum ersten Mal urkundlich erwähnt wurde.

Im Zentrum liegen die wichtigsten Sehenswürdigkeiten wie die Frauenkirche, das Neue Rathaus und St. Peter nahe beieinander.

Oben: Glück bringt es, wenn wir in München die kleine Löwennase an der Residenz streicheln (S. 41).

1 Der Tierpark Hellabrunn

Tierisch unterwegs

Der Tierpark Hellabrunn gehört zu den bekanntesten Zoos in Deutschland und hat sich mit mehreren Tierprojekten auch international einen Namen gemacht. Er war weltweit der erste Geozoo und wurde bereits 1911 eröffnet. In einem Geozoo sind die Tiere nicht nach Arten geordnet, sondern jeweils nach den Kontinenten, auf denen sie normalerweise leben.

In all den Jahren seit seinem Bestehen wurde viel modernisiert und umgebaut, damit die Tiere ein möglichst artgerechtes Zuhause haben. Jetzt gibt es das supermoderne URWALDHAUS. Unter tropisch feuchtheißer Luft leben hier Gorillas. In den Aquarien samt Mangrovenbecken gibt es Schlangen und Echsen. Ein weiteres schönes Haus ist das Raubtiergehege mit dem begehbaren Regenwald, durch den exotische Vögel fliegen. Toll ist auch das Zuhause der Riesenschildkröten oder die FLEDERMAUSHÖHLE, wo uns die Flugkünstler ganz nah kommen. Selbst das historische ELEFANTEN- UND GIRAFFENHAUS von 1914 hat seinen Charme, vor allem wenn wieder einmal Elefantennachwuchs über das Gelände tobt.

Ausgangs-/Endpunkt: Tierpark Hellabrunn
Anfahrt: **Auto:** in den Süden von München, Ortsteil Thalkirchen, gebührenpflichtige Parkplätze vorhanden. **Bahn/Bus:** U-Bahn U3 Haltestelle Thalkirchen, zum Eingang etwa 5 Min. Fußweg
Ausrüstung: bequeme Schuhe, es sind weite Strecken; Getränke mitbringen, die sind dort teuer.
Öffnungszeiten: täglich 9–17 Uhr, im Sommer eine Stunde länger
Preise: Erwachsene 14 €, Kinder 4–14 Jahre 5 €, Familienkarte 30 €
Einkehr: Über den ganzen Tierpark verteilt gibt es Imbissbuden mit diversen Angeboten: Eis, Crêpes, Würstel, Pommes, Kaffee und Kuchen; meist Selbstbedienung und leider nicht gerade billig; es lohnt sich die Brotzeit und vor allem Getränke selbst mitzubringen.
Information: Tierpark Hellabrunn, Tierparkstraße 30, 81543 München, Tel. 089/62 50 80, www.tierpark-hellabrunn.de

Im denkmalgeschützen Elefantenhaus gibt es zur großen Freude der Besucher auch immer wieder Nachwuchs.

Allein die Auflistung all der hier lebenden Tiere würde einige Seiten füllen. Aber es gibt einige Besonderheiten, die für einen Besuch interessant sind: Das Internet informiert uns im Vorfeld über die Fütterungszeiten der Tiere. Das ist vor allem bei den Raubtieren, wie den Eisbären und den Hyänen, aber auch bei den Affen eine große Show. Täglich außer freitags im Sommer gibt es um 14.30 Uhr die FLOSSENPARADE der Seelöwen. Da zeigen die wasserverliebten Stars ihre Kunststücke mit Bällen und Ringen.

PICKNICK AM FLUSS
Gleich neben dem Tierpark verläuft die ISAR. Hier kann man gerade im Sommer den Abend gemütlich ausklingen lassen oder sogar ein Bad nehmen!

Eine Neuerung ist das Tier-, Natur- und Artenschutz-Zentrum, in dem die vom Tierpark Hellabrunn unterstützten weltweiten Artenschutzprojekte vorgestellt werden. Den ganzen Tag laufen Filmvorführungen, z. B. über die erfolgreiche Auswilderung der fast schon ausgerotteten PRZEWALSKI-URWILDPFERDE oder der Mhorr-Gazellen.
Im Winter dürfen die Königspinguine durch den Tierpark watscheln. Zu Ostern gibt es jedes Jahr das große Eiersuchen im Gelände. Und natürlich warten ein riesiger Abenteuerspielplatz sowie das Streichelgehege darauf erobert zu werden.

Deutsche Museum

Wissen und Technik kann so spannend sein

Das Deutsche Museum gehört weltweit zu den größten technischen und wissenschaftlichen Sammlungen. Es war aber auch das erste Museum, das sich vor allem auf die Erlebnispädagogik, gerade für Kinder, spezialisierte. Anfassen, ausprobieren und mitmachen ist deshalb ausdrücklich erwünscht.

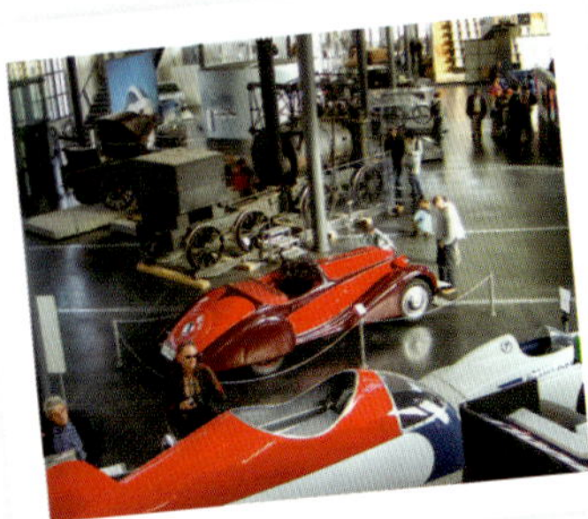

Rund um den Verkehr dreht sich alles im Ableger des Deutschen Museums an der Theresienwiese.

Das ganze Museum an nur einem einzigen Tag zu besuchen ist schlicht unmöglich. Zu groß ist die über 55 000 Quadratmeter fassende Ausstellungsfläche mit ihren Tausenden Exponaten aus den Bereichen TECHNIK UND NATURWISSENSCHAFTEN. Das Spektrum reicht von Chemie, Physik, Mathematik, Luft- und Raumfahrt, Autos und Zügen, Astronomie, Informatik, Bergbau, Geologie, Elektronik, Telekommunikation, Musik, Zeit und Drucktechnik bis zum Wasserbau und zur Lebensmitteltechnik.

Besonders beliebt sind die großen alten SCHIFFE, U-BOOTE und der Raum mit den Flugzeugen. Spannend ist aber auch der Besuch

Ausgangs-/Endpunkt: Deutsches Museum
Anfahrt: **Auto:** direkt an der Isar ins Stadtzentrum, daher wenige Parkplätze vorhanden. **Bahn/Bus:** S-Bahn Haltestelle Isartor oder U-Bahn U1/U2 Haltestelle Fraunhoferstraße
Öffnungszeiten: täglich außer Weihnachten und Silvester 9–17 Uhr
Preise: Erwachsene 8,50 €, Schüler, Studenten 3 €
Einkehr: Im Museum gibt es mehrere Cafés bzw. ein Restaurant.
Information: Deutsches Museum, Museumsinsel 1, 80538 München, Tel. 089/217 91, www.deutsches-museum.de

Das Haupthaus des Deutschen Museums steht auf einer Insel mitten in der Isar.

des Bergbaustollens, des Planetariums oder der Abteilung für technisches Spielzeug.

Gerade für kleinere Kinder ist das Kinderreich im Untergeschoss interessant. Hier erkundet man die begehbare Riesengitarre, ein **FEUERWEHRAUTO**, eine Kraftmaschine mit Seilzügen, ein Tanagra-Theater, Riesenbauklötze und natürlich die große Wasserabteilung. Dort öffnen die Kids Schleusen, bewegen Wasserräder oder leiten das Wasser um.

Mehrmals täglich finden verschiedene Vorführungen statt. So kann man z. B. die Hochspannungsanlage erleben. **BLITZ UND DONNER** sind dabei garantiert. Außerdem gibt es gerade in den Ferien spezielle Kinderangebote sowie Familientage.

NOCH MEHR TECHNIK

Zum Deutschen Museum gehören zwei Ableger, das **DEUTSCHE MUSEUM VERKEHRSZENTRUM** an der alten Messe München und die **FLUGWERFT** in Unterschleißheim. Hier sind viele Automobile bzw. Flugzeuge, aber auch Hubschrauber und Ballone ausgestellt.

3 Museum Mensch und Natur

Naturkunde als tolles Erlebnis

Das Museum Mensch und Natur ist eines der ganz tollen Ziele für Familien mit Kindern. Spannend und interaktiv präsentieren sich die einzelnen Abteilungen und die ganze Familie hat Freude daran, etwas über die Zusammenhänge in der Natur herauszufinden. Noch dazu zu einem unschlagbar günstigen Eintrittspreis.

IM SOMMER IN DEN BIERGARTEN

Südlich des Nymphenburger Schlossparks liegt einer der schönsten Biergärten der Stadt München. Im königlichen HIRSCHGARTEN haben Kinder freien Blick auf das Damwildgehege, außerdem gibt es dort einen Spielplatz und ein Karussell.

Im Erdgeschoss liegt die Ausstellung »Unruhiger Planet Erde«. Dunkelheit umgibt den Besucher und wie in einem Theater erlebt man am URWELT-DIORAMA die Erde, wie sie wohl vor vier Milliarden Jahren ausgesehen hat. Spannend werden die Kontinentaldrift, Vulkane und Erdbeben dargestellt. So geht es weiter zur »Geschichte des Lebens«. Zur großen Freude der Kinder gibt es dort DINOSAURIER. Über Telefonhörer erfahren wir mehr von ihrem Leben und ihren Jagdmethoden.

Ausgangs-/Endpunkt: Museum Mensch und Natur
Anfahrt: **Auto:** In den westlich des Münchner Zentrums gelegenen Stadtteil Nymphenburg, das Museum ist im nördlichen Flügel des Nymphenburger Schlosses untergebracht, Parkplätze vorhanden. **Bahn/Bus:** Trambahnlinie 17 ab Hauptbahnhof bis Haltestelle Schloss Nymphenburg
Öffnungszeiten: Di, Mi und Fr 9–17 Uhr, Do 9–20 Uhr, Sa, So und Feiertag 10–18 Uhr, Mo Ruhetag
Preise: Erwachsene 3,50 €, Kinder unter 18 Jahren freier Eintritt, Sonntag nur 1 €
Einkehr: Im Museum gibt es eine kleine Cafeteria.
Information: Museum Mensch und Natur, Schloss Nymphenburg, 80638 München, Tel. 089/179 58 90, www.musmn.de

Neugierig stürzen sich Eltern und Kinder auf die Rätsel rund um die Natur im ersten Stock.

Im oberen Stockwerk befindet sich dann das Herzstück des Museums. Hier dürfen Groß und Klein spielerisch die Natur erforschen. An Schautafeln, Fenstern und Kästen lösen wir per Knopfdruck RÄTSEL: Vogelstimmen werden bestimmt, Tiergattungen richtig zugeordnet, Lupen getestet, Bäume und Blumen benannt, Brut- und Nistplätze gefunden und vieles mehr.

Gerade an Wochenenden ist der Andrang dort groß. Ausweichen kann man in die Abteilung Nerven und Gehirn, die im gleichen Stockwerk liegt. Daneben finden wir noch die Abteilungen Wohl bekomm´s – Nahrung für den Menschen, Gen-Welten und ZUM FRESSEN GERN – von den Mahlzeiten der Tiere.

HEY KIDS,
habt ihr noch Lust, ein bisschen zu sausen? Im NYMPHENBURGER SCHLOSSPARK könnt ihr das. Dort gibt es auch das Palmenhaus, ein Café-Restaurant.

4 Die Bavaria Filmstadt

Klappe – und Action

Der ganze Ausflug steht im Zeichen der Filmwelt. Wer Kino und Fernsehen mag und auch schon einige Filme kennt, wird von diesem Ausflug sicher begeistert sein. In den Bavaria Filmstudios sieht man jede Menge originale Filmkulissen, erlebt aber auch Bullys Welt oder ein 4-D-Kino.

Seit 1981 steht die Filmstadt Geiselgasteig den Besuchern offen. Die Idee dafür entstand kurz nach dem Dreh für den Film Das Boot von Wolfgang Petersen. Die original nachgebaute Kulisse des U-Bootes war einfach zu schade für den Schrotthändler. So wollte man dem regen Interesse der Bevölkerung nachkommen und gab die Kulisse sowie weitere Bereiche des Drehgeländes zur Besichtigung frei. Bei einer Führung »Bavaria komplett« erlebt man eine äußerst unterhaltsame Führung über das Studiogelände sowie den Besuch im BULLYVERSUM samt 4-D-Kinowelt. Diese ist aber nur für größere Kinder ab 1,20 m Körpergröße geeignet.
Familien mit kleineren Kindern können auch nur die Führung durch die Filmstadt wählen. Dabei besichtigt man Originalkulissen zu Filmen wie Die unendliche Geschichte, ASTERIX UND OBELIX, Marienhof, Die Rote

Ausgangs-/Endpunkt: Bavaria Filmstudios Grünwald
Anfahrt: **Auto:** Im Süden von München liegt Grünwald; am Ortsschild von Grünwald der Beschilderung zu den Bavaria Filmstudios folgen; gebührenpflichtige Parkplätze vorhanden. **Bahn/Bus:** mit der Straßenbahn Linie 25 von München Stadtmitte bis Haltestelle Bavaria Filmstadt; es gibt günstige MVV-Ticket-Kombis
Öffnungszeiten: täglich 9–18 Uhr, im Winter kürzer, Führungen durch die Filmstadt z. T. mehrmals stündlich; letzter Einlass für die komplette Führung im Sommer 14.30 Uhr; Stuntshows finden nur in der Hauptsaison von April bis Oktober zu bestimmten Zeiten statt.
Preise: Erwachsene 27,50 €, Kinder 6–17 Jahre 21,50€
Einkehr: Die Bavaria Filmstudios haben ihren eigenen McDonald's, in der Nähe gibt es aber jede Menge guter Biergärten, z. B. die Menterschwaige.
Information: Bavaria Filmstadt, Bavariafilmplatz 7, 82031 München/Geiselgasteig, Tel. 089/45 00 00, www.filmstadt.de

Meile, Bibi Blocksberg, Das fliegende Klassenzimmer, Enemy Mine, WILDE KERLE oder (T)Raumschiff Surprise. Natürlich entstehen hier noch immer neue Filme und für das Fernsehen werden jeden Tag Soaps und Shows produziert. Äußerst unterhaltsam erzählen die Film-Guides nette Geschichten, auch über das, was hinter dem Regiestuhl so passiert.

Ein Ritt auf dem Drachen Fuchur aus dem Kinofilm »Die unendliche Geschichte« – das ist doch was!

An einigen Kulissen darf man sogar mitspielen und eine Filmsequenz von sich drehen lassen: »Klappe und Action« – ein Riesenspaß für die ganze Familie. Übrigens wechseln die Kulissen und Besichtigungsmöglichkeiten von Zeit zu Zeit. Das Gelände ist zwar riesig und mit vielen Hallen übersät, aber der Platz reicht natürlich nicht aus, um alles für die Ewigkeit zu installieren. Außerdem werden hier ja ständig neue Filme gedreht.

> **GUT GEKLEIDET**
>
> Die Besichtigung der Bavaria Filmstudios findet sowohl draußen als auch in den Studios statt. Es geht über das offene Gelände, deshalb sind BEQUEME SCHUHE und dem Wetter angepasste Kleidung nötig!

Ein spannender Höhepunkt ist das 4-D-KINO. Hier bewegen sich sogar die Sitzreihen und es wird ein wenig gruselig. Bei der großen Besichtigungsrunde ist das Bullyversum mit dabei, es lässt sich aber auch einzeln buchen. Eine Hommage an den Regisseur, Schauspieler und Komiker Michael Bully Herbig, ein interaktives Medienspektakel der besonderen Art mit Liveshows, Spielen und vielen Exponaten des erfolgreichen Künstlers. Für Fans von Kinofilmen oder Shows wie die Bullyparade, Hui Bu, (T)RAUMSCHIFF SURPRISE, Der Brandner Kaspar oder Der Schuh des Manitu der absolute Hit.

5 Grünwalder Sauschütt

Der Wald der Wildschweine

Dem komplexen Ökosystem Wald kommt man an der Grünwalder Sauschütt auf die Spur, und das kinderleicht. Hier gibt es ein Walderlebniszentrum, einen Waldlehrpfad und zur großen Freude der großen und kleinen Besucher jede Menge Wildschweine.

MIT DEM RAD UNTERWEGS
Der Walderlebnispfad lässt sich gut mit einer Radtour kombinieren. Von der Sauschütt über die Laufzorner Keltenschanzen zum großen Biergarten der Kugler Alm bei Oberhaching und zurück nach Grünwald ist es eine hervorragende Rundtour, bestens für Kinder geeignet, da sie überwiegend auf **AUTOFREIEN WALDWEGEN** verläuft.

Am Walderlebniszentrum ist ein kleines Museum eingerichtet. Hier sind der Kreislauf der Natur und die Fotosynthese bildhaft dargestellt. Ein guter Einstieg für den etwa drei Kilometer langen Spaziergang durch den Grünwalder Forst. Auf dem **WALDERLEBNISPFAD** dürfen wir den Wald mit allen Sinnen erleben. An verschiedenen Stationen lösen wir Rätsel, erleben die Geschichte einer Eiche oder musizieren mit einem Ast-Xylophon. Wir erfor-

Ausgangs-/Endpunkt: Wanderparkplatz Walderlebniszentrum Sauschütt
Anfahrt: **Auto:** Der Ausgangspunkt liegt südlich von München, von Norden durch Grünwald Richtung Straßlach, nach dem Waldfriedhof und Ortsschild Grünwald erste Waldeinfahrt auf der linken Seite, ausgeschildert, Parkplätze vorhanden.
Bahn/Bus: von München mit der Straßenbahn Linie 25 ab U-Bahn-Haltestelle Silberhornstraße, Endstation Derbolfingerplatz; weiter mit dem Bus bis Haltestelle Grünwald Waldfriedhof
Öffnungszeiten: täglich, das ganze Jahr über
Preise: kostenfrei
Einkehr: keine, aber viele Picknickstellen im Wald
Information: Walderlebniszentrum Grünwald, Grünwalder Sauschütt, 82031 Grünwald, Tel. 089/649 20 99, www.stmugv.bayern.de

So eine Schweinerei! Viele Wildschweine leben in den Wäldern Grünwalds.

schen das **BAUMTELEFON**, laufen über Barfußpfade, lauschen nach Geräuschen und entdecken alte Bäume. Beliebt ist auch das Feuchtbiotop mit seinen Libellen und quakenden Fröschen. Die Beschilderung ist ausgezeichnet, man kann sich nicht verlaufen.

Zum krönenden Abschluss kommen wir wieder an das Wildschweingehege, das wir bereits neben dem Walderlebniszentrum gesehen haben. Gegen 16 Uhr ist Fütterungszeit der **GROSSEN WILDSCHWEINROTTE**. Die Tiere haben ihre innere Uhr schon danach gestellt und kommen ganz von alleine aus dem Unterholz. Den Wildschweinen schmecken trockenes Brot, Zuckerrüben und Mais. Und dann geht die große Sause ab. Schweinsgerechtes Verhalten wie Grunzen und Schmatzen sind garantiert. Zwischen den dicken Ebern und vielen Bachen hüpfen im Frühjahr Frischlinge durch die große Meute. Gerne darf man altes, nicht verschimmeltes Brot mitbringen. Aber bitte nicht selbst füttern, denn das führt zu Keilereien. Man kann das mitgebrachte Brot am Futterhäuschen abgeben.

6 Die BMW Welt und das BMW Museum

Junior Campus und jede Menge PS

BMW ist eine Automarke von Weltrang. Die Bayerischen Motorenwerke sind dabei fest mit der Stadt München verbunden, und das nicht erst seit 2007 die neue BMW Welt eröffnet hat. Wer Autos und schnelle Motoren mag, sollte hier unbedingt vorbeischauen.

OFFENE TÜREN

Das Campus Portal ist frei zugänglich, eine **RESERVIERUNG FÜR DIE WORKSHOPS** ist nicht unbedingt notwendig, aber sehr zu empfehlen.

Die BMW Welt überrascht bereits von außen durch ihre **WAHNWITZIGE ARCHITEKTUR**. Das augenscheinlich schwebende Dach dreht sich in den Himmel. Da kommt man aus dem Staunen nicht raus. Drinnen kann sich die ganze Familie erst einmal in Ruhe in der BMW Welt umsehen und orientieren. Hier gibt es unendlich viel zu entdecken, vor allem die neuesten BMW-Modelle. Dann geht es zum Junior Campus Portal. Spielerisch werden die Kinder durch eine große gläserne **KUGELBAHN**

Ausgangs-/Endpunkt: BMW Welt
Anfahrt: **Auto:** mitten in München am Mittleren Ring gegenüber dem Olympiastadion; viele gebührenpflichtige Parkplätze sind vorhanden. **Bahn/Bus:** U3, Haltestelle Olympiazentrum
Öffnungszeiten: Gebäude Mo bis Sa 7.30–24 Uhr, So 9–24 Uhr, Junior Campus Mo bis Fr 9–18 Uhr, die Workshops finden meist Mo bis So um 14.30 Uhr statt; Anmeldung empfohlen
Preise: BMW Welt kostenlos, BMW Museum Erwachsene 10 €, Kinder 7 €, Workshop Junior Campus für Schüler 5 €
Einkehr: In der BMW Welt gibt es eine Cafeteria.
Information: BMW Welt Junior Campus, Am Olympiapark 1, 80809 München, Tel. 0180/211 88 22, www.bmw-welt.com

Schon die Architektur in der BMW Welt ist einen Besuch wert.

mit Loopings, Kurven und Spiralen an das Thema Nachhaltigkeit und Mobilität herangeführt. Interaktiv wird getestet, und Anfassen ist ausdrücklich erlaubt.

Dann geht es für die Kinder in einen der buchbaren Workshops, die in abgetrennten Räumen stattfinden. Im **CAMPUS LABOR** und in der Campus Werkstatt dürfen Kinder in Teams forschen, experimentieren und z. B ein eigenes Traumauto bauen. Verschiedenste Materialien kommen dabei zum Einsatz. Das Fahrzeug wird montiert, getestet und vom Band gelassen. Zum Abschluss gibt es dann sogar ein echtes **CAMPUS DIPLOM** für die jungen Ingenieure. Direkt neben der BMW Welt liegt übrigens das **BMW MUSEUM**. Ebenfalls ein echtes Highlight. Auch dort gibt es das eigene Junior Museum mit tollen Workshop-Angeboten je nach Altersgruppe der Kinder. Die Familienführungen am Wochenende als gemeinsames Erlebnis sind wärmstens zu empfehlen.

HEY KIDS,
besucht doch das **SEALIFE** im Olympiapark gegenüber! Dort findet ihr in den großen tollen Aquarien jede Menge interessante Fische.

Allianz Arena

FC Bayern – Stern des Südens

Man muss kein FC Bayern-Fan sein, um die große Allianz Arena, das Fußballstadion im Münchner Norden, zu besuchen. Ein Blick hinter die Kulissen ist immer spannend, zumindest, wenn man Fußball-Fan ist.

Luftgepolstert sind die Wände der Allianz Arena.

Fußballer-Herzen schlagen im Anblick des Stadions höher. Aber selbst nicht so Fußballbegeisterte finden großen Gefallen an einer der geführten und äußerst interessanten Arena-Touren. Denn schon allein die spannende Konstruktion des aus luftigen Kissen geformten Stadions ist eine Besichtigung wert. Wobei man den spektakulärsten Anblick erst bei Nacht erlebt. An spielfreien Tagen leuchtet die Arena abwechselnd in den rot-blauen

Ausgangs-/Endpunkt: Allianz Arena
Anfahrt: **Auto:** von München auf der A 9 bis Ausfahrt Fröttmaning, gebührenpflichtiges Parken am Nordtor, über die Rampe zur Markenwelt Aufgang J 332–334, **Bahn/Bus:** U6 Richtung Garching/Hochbrück, Ausstieg Fröttmaning, über die Esplanade und Drehkreuze zum Südeingang, dann hinauf in die Markenwelt, etwa 15 Min. Fußweg
Ausrüstung: Feste Schuhe sind von Vorteil, die Tour ist nicht kinderwagentauglich.
Öffnungszeiten: täglich außer an Spieltagen oder während Veranstaltungen jeweils um 11 Uhr, 13 Uhr, 15 Uhr und 16.30 Uhr
Preise: Arenatour Erwachsene 10 €, Kinder 4–13 Jahre 6,50 €; FC Bayern Erlebniswelt Erwachsene 12 €, Kinder 4–13 Jahre 6 €, Kombitickets günstiger
Einkehr: Im Arena Bistro im Stadion kann man gut einkehren.
Information: Allianz Arena, Arena Tour, auf Ebene 3, Werner Heisenberg Allee 25, 80939 München, Tel. 089/69 93 12 22

Auf dieser Treppe laufen ansonsten nur Fußballstars zum Fußballrasen der Allianz Arena.

Tönen der lokalen Vereine. Leider ist es ein sehr teures Vergnügen ein **FC BAYERN**-Spiel zu besuchen und meistens sind diese sowieso ausverkauft. Aber die Tore ins Stadion stehen an spielfreien Tagen auch Individualbesuchern offen.

Verschiedene Führungen werden angeboten. Eine Stunde lang dauert die **ARENA TOUR**. Dabei erfährt man viel über das Geschehen im Hintergrund der Spiele. Außerdem besichtigt man die Stadionränge und blickt hinter die Kulissen in die **UMKLEIDEKABINEN** oder den Pressebereich.

Wer ein wahrer FC Bayern-Fan ist, sollte sich gleich einer Kombi-Tour anschließen. Dann geht es nach der Arena-Führung noch in die FC Bayern Erlebniswelt. Das ist das größte Vereinsmuseum Deutschlands und man begibt sich auf eine Zeitreise von der Gründung des Clubs bis hin zum legendären Triple.

TICKETKAUF

Unbedingt rechtzeitig vor Beginn der Führung Tickets erwerben. Bei hohem **BESUCHERANDRANG** werden zusätzliche Touren angeboten. Dennoch kann es zu Wartezeiten kommen. Also erst Tickets, dann in die Fan-Shops!

8 Besucherpark am Münchner Flughafen

Nur Fliegen ist schöner

Wo andere in den Urlaub abheben, bleiben wir heute am Boden. Aber im Besucherpark des Münchner Flughafens dreht sich natürlich alles rund ums Fliegen. Man kann in Flugzeuge steigen, den Besucherhügel erklimmen oder sich auf eine Airport-Tour begeben.

ZWISCHENSTOPP

Wer mit der S-Bahn zum Flughafen fährt, kann seine Badesachen mitnehmen und z. B. in ISMANING aussteigen. Dort gibt es ein ganz neues modernes Hallenschwimmbad.

Am Besucherpark des Münchner Flughafens erhalten wir sehr kurzweilig und kindgerecht Einblick in die Arbeitsabläufe und die verschiedene Berufe auf dem Flughafen. Mit seinem grünen 28 Meter hohen BESUCHERHÜGEL und dem großen Freigelände ist er ein beliebtes Ausflugsziel für die ganze Familie. In Kürze eröffnet dort der neu umgebaute interaktive Ausstellungsbereich, wo wir erleben können wie die einzelnen Bereiche des FLUGHAFENs funktionieren und zusammenarbeiten.

Ausgangs-/Endpunkt: Besucherpark am Flughafen München
Anfahrt: **Auto:** Autobahn A 92 zum Flughafen, dort der Beschilderung zum Besucherpark folgen, gebührenpflichtiger Parkplatz P51
Öffnungszeiten: Besucherpark ganzjährig, bis auf wenige Feiertage, geöffnet; Airport-Touren verschiedene Termine, z. B. Kindertour So und täglich in den Ferien 14.30 Uhr
Preise: Besucherpark kostenfrei, Besucherhügel 1 €, Airport-Tour oder Kindertour Erwachsene 9 €, Kinder 5–14 Jahre 5 €
Einkehr: Im Besucherpark gibt es ein Restaurant.
Information: Airport Touren, Flughafen München, Besucherpark, 85356 München, Tel. 089/97 54 13 33, www.munich-airport.de

Auf dem Freigelände kann man historische Flugzeuge wie die DC-3, JU 52 und die Super Constellation, gegen eine kleine Gebühr auch von innen besichtigen. Es gibt einen großen Spielplatz mit BAGGERN, SPRUNG-

Stundenlang lassen sich die Starts und Landungen am Flughafen beobachten, aber auch das geschäftige Treiben auf dem Rollfeld.

NETZEN, TRAMPOLINEN, Minigolfplatz und einem knapp sechs Meter hohen Kletter-Rutsch-Tower.
Das größte Highlight am Flughafen sind jedoch die Airport-Touren. Wer sich diesen anschließt, darf einen Blick hinter die Kulissen des Flughafenbetriebs werfen. Dafür sollte man seinen Personalausweis nicht vergessen! Eine Tour dauert etwa 50 Minuten. Dabei fahren wir mit einem Flughafenbus fast über das GANZE GELÄNDE. Wir besichtigen das Vorfeld, viele Flugzeuge, die Satellitenanlage, die Feuerwache, die Wartungshallen und die Tankanlagen. Manchmal steht auch der berühmte und riesengroße Airbus 380 auf dem Rollfeld.

9 Erdinger Therme

Für Wasserratten und Meerjungfrauen

Das eindeutig größte und spektakulärste Badeparadies in Oberbayern ist eine Welt für sich. Hier gibt es das größte Saunaparadies der Welt und die größte Wasserrutschenanlage Europas. Für Wasserratten und Meerjungfrauen der Himmel auf Erden.

STADTBUMMEL
Übrigens ist die Altstadt von ERDING mit ihrem Schrannenplatz wirklich sehr hübsch und eine Erkundung wert.

Die Erdinger Therme besteht aus mehreren Besucherbereichen: Es gibt das Wellenparadies, das GALAXY ERDING, das Thermenparadies, die Vitaloase, das Royal Spa und das Saunaparadies.

Für Familien sind das Wellen- und Thermenparadies und die Rutschenwelt Galaxy Erding am besten geeignet. Dafür löst man die Tageskarte »Therme Erding«.

Die einzelnen Badehallen sind miteinander verbunden, sodass man problemlos hin- und herwechseln kann. Kinder lieben natürlich das RUTSCHENPARADIES. Auf 26 Wasserrutschen mit insgesamt 2500 Meter Rutschbahnen findet jeder etwas für seinen Geschmack. Die Level reichen

Ausgangs-/Endpunkt: Erdinger Therme
Anfahrt: **Auto:** über die A 9 bis Ausfahrt Garching Süd, weiter über Ismaning auf die B 388 nach Erding oder über die A 92 bis Ausfahrt Erding. **Bahn/Bus:** mit der S-Bahn S2 nach Altenerding, von dort weiter mit dem Bus
Öffnungszeiten: variieren je nach Bereich, am besten im Internet nachsehen; Thermenparadies Mo bis Fr 10–23 Uhr, Galaxy Mo bis Fr 14–21 Uhr, am Wochenende auch früher
Preise: Kinder bis 3 Jahre frei, ansonsten verschiedene Tarife, z. B. 4-Stunden-Ticket pro Person ab 21 €, Tageskarte 29 €, am Wochenende Aufschlag, Rabatte für Früh- oder Spätkommer, Kombiticket mit dem MVV
Einkehr: Es gibt viele Bistros und Cafés in der Therme.
Information: Erdinger Therme, Thermenallee 2, 85435 Erding, Tel. 08122/550 50 00, www.therme-erding.de

Die Erdinger Therme ist wirklich ein absoluter Superlativ in puncto Baden, Rutschen und Wellness.

von Family über Action bis hin zu X-treme. Wie wäre es mit der **WILD RIVER RUTSCHE** in einer Wildwasserbahn oder dem Magic Eye in Triple-Rutschreifen?

Daneben gibt es noch das Wellenparadies mit gar nicht so kleinen künstlichen Wellen. Am besten schaukeln wir mithilfe jeder Menge Schwimmschlangen darauf. Nach der ganzen Action können wir uns noch im Südseeflair des Thermenparadieses erholen. Dort gibt es riesige Außenbecken und viele separate Pools mit Blubber-, Sole- oder Schwefelwasser. Im Innenbereich verweilen wir stundenlang im superwarmen Wasser unter **PALMEN** und genießen die Ferien.

10 Wildpark Poing

Bären, Hirsche, Rehe, Raubvögel und jede Menge Spielplatz

Der Wildpark Poing im Osten von München ist eine gelungene Mischung zwischen Tierpark, großem Waldspaziergang, riesigem Streichelgehege, spannender Greifvogelschau und überdimensionalem Abenteuerspielplatz.

Drei Bären leben in einem großen Gehege in Poing.

Bereits seit 1970 gibt es den von der Familie Festl gegründeten privaten WILDPARK, ein sehr beliebtes Ausflugsziel für Familien. Wir wandern auf einem Rundweg durch den Wald. Er führt uns an vielen Tiergehegen vorbei, in denen vor allem heimische Waldbewohner wie Fasane, Marder, Iltisse und viele Vogelarten zu sehen sind. Wir besuchen Wildschweine, Hängebauchschweine, WÖLFE und LUCHSE. Es

Ausgangs-/Endpunkt: Wildpark Poing
Anfahrt: **Auto:** Von München auf der A 94 Richtung Passau, Ausfahrt Parsdorf/Poing, weiter Richtung Poing, ab dort ist der Weg zum Wildpark ausgeschildert, viele Parkplätze vorhanden. **Bahn/Bus:** von München mit der S2 Richtung Erding, Haltestelle Poing, 20 Min. Fußmarsch
Ausrüstung: Feste Schuhe, es geht über Waldwege; feuchte Tücher zum Reinigen der Hände; keine Hunde erlaubt
Öffnungszeiten: das ganze Jahr täglich von April bis November 9–17 Uhr, von Dezember bis März 11–16 Uhr; Greifvogelschau nur von April bis November täglich außer Fr um 10.30 Uhr, an Feiertagen, am Wochenende und in den Ferien um 11 Uhr und 15 Uhr
Preise: Erwachsene 7,50 €, Kinder 3–14 Jahre 4,50 €
Einkehr: Im Wildpark Poing gibt es einen Kiosk mit diversen Getränken, Kuchen und Eis; viele Bänke bieten Platz für mitgebrachte Brotzeit.
Information: Wildpark Poing, Osterfeldweg 20, 85586 Poing, Tel. 08121/806 17, www.wildpark-poing.det

Gar nicht so scheu ist das Damwild – vor allem nicht, wenn Futter gereicht wird.

gibt Wisente und Mufflons. Bei den Feuchtbiotopen sind allerlei Wasservögel, Störche, aber auch Bisamratten, Biber und Waschbären zu finden. Und es gibt sogar eine Bärenfamilie.

Das **DAMWILD** läuft frei im Wald umher und ist gar nicht so scheu, denn die Tiere haben gelernt, dass die Besucher Leckereien für sie bereithalten. Die Futtertüten dafür kauft man am besten gleich am Eingang.

Ein weiteres Highlight des Wildparks ist die **FLUGSCHAU DER GREIFVÖGEL**. Der Falkner ist stolzer Besitzer von Bussarden, Geiern, Falken und Habichten, und die führt er uns in einer Flugshow vor. Haarscharf fliegen die Jäger über unsere Köpfe hinweg, sodass wir trotz Bückens den Windhauch ihrer Flügel spüren. Am Ende des Rundweges ist noch Zeit, um sich am großen **ABENTEUERSPIELPLATZ** auszutoben.

HEY KIDS,
habt ihr Lust auf einen Besuch der MODELLBAHN-SCHAUANLAGE Miniland München? Die Miniaturwelt liegt ebenfalls im Osten von München in Kirchheim/Heimstetten.

Was Sie trotz Kindern gesehen haben müssen

11 Stadtspaziergang in München

Ein einziger Tag in München ist definitiv zu kurz. Man kann höchstens im Zentrum erste Eindrücke gewinnen, aber für all die anderen herrlichen Stadtviertel wie das Lehel, Schwabing oder das Glockenbachviertel sowie für die großen Museen wie die Pinakotheken oder das Lenbachhaus bleibt dann kaum noch Zeit. Eines steht fest, die Weltstadt mit Herz wird man öfter besuchen.

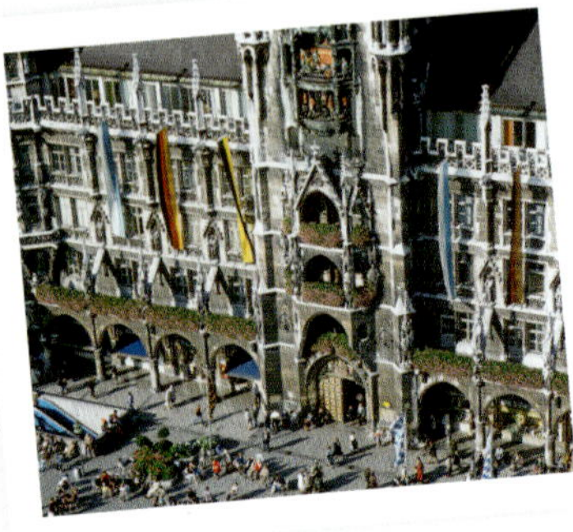

Das Neue Rathaus ist ganz im neugotischen Stil errichtet und sieht deshalb gar nicht so neu aus.

Wir beginnen unseren München-Spaziergang auf dem MARIENPLATZ mit dem Alten und Neuen Rathaus. In dem großen neugotischen Gebäude mit dem Glockenspiel befindet sich übrigens auch die Tourist-Info. Wir gehen am Alten Rathaus vorbei, das nach den Kriegszerstörungen in der alten Form völlig neu aufgebaut wurde. Nach rechts erreichen wir mit einem Abstecher die Kirche St.Peter, deren Turm sich besteigen lässt, und den VIKTUALIENMARKT. Nach links spazieren wir über die Sparkassenstraße und die Pfisterstraße direkt zum Platzl, auf dem das weltberühmte Hofbräuhaus steht, in das täglich bis zu 35 000 Besucher strömen. Es gibt dort aber einen wirk-

Ausgangs-/Endpunkt: Marienplatz München
Anfahrt: **Auto:** Mitten im Stadtzentrum gibt es einige Parkhäuser. **Bahn/Bus:** mit dem Zug zum Hauptbahnhof, von dort weiter mit allen S-Bahnen zur Haltestelle Marienplatz
Einkehr: unendlich viele Möglichkeiten in der Innenstadt
Information: Tourist-Info München, Marienplatz 8, 80331 München, Tel. 089/23 39 65 00, www.muenchen.de

lich idyllischen Biergarten im Innenhof und im Obergeschoss findet man auch immer einen ruhigen Platz. Die meisten Gäste zieht es in die Schwemme im Erdgeschoß.

Zwischen all den bayerischen Schmankerl und dem Biergarten gibt es am Viktualienmarkt immer viel zu sehen.

Weiter geht es in nördlicher Richtung zur **MAXIMILIANSTRASSE**, Münchens luxuriöser Einkaufsmeile mit ihren zahlreichen Edelboutiquen. Wenden wir uns auf der Straße nach links, so erreichen wir den Max-Josef-Platz mit dem Nationaltheater, in dem die Bayerische Staatsoper und das Bayerische Staatsballett zu Hause sind. An das Na-

HEY KIDS,
vielleicht möchtet ihr das **SPIELZEUG-MUSEUM** im Alten Rathaus besuchen? Ganz toll ist auch das Deutsche **JAGD- UND FISCHEREIMUSEUM** in der Fußgängerzone.

Das Platzl teilt sich das Hofbräuhaus mit vielen Souvenirläden und japanischen Restaurants – das muss man gesehen haben.

tionaltheater grenzt die große Residenz mit ihren zehn Innenhöfen und dem Residenztheater. Den Eingang zum großen Innenhof bewacht ein bronzener Löwe, dessen Nase als **GLÜCKSBRINGER** schon ganz blank poliert ist.

So kommen wir zum **ODEONSPLATZ** mit der Feldherrnhalle und der barocken, gelben Theatinerkirche. Hier beginnt die nach König Ludwig I. benannte Prachtstraße, die durch das Siegestor nach Schwabing führt. Im Osten schließt sich der Hofgarten an, der nach Norden hin in den Englischen Garten übergeht. Wir kehren auf der Theatinerstraße Richtung Marienplatz zurück, blicken aber vorher noch über den Marienhof auf das durch seinen Kaffee berühmt gewordene Delikatessengeschäft, Alois **DALLMAYR**. Ein Blick in das Innere ist purer Genuss. Bevor wir wieder am Marienplatz stehen, gehen wir dann rechts durch die schmale Gasse zur **MÜNCHNER FRAUENKIRCHE**, dem Dom des Erzbistums München-Freising. Als man die Kirche im späten 15. Jh. gebaut hat, besaß München nur 13 000 Einwohner. Vorausschauend baute man das Gotteshaus riesengroß, sodass 20 000 Menschen stehend Platz haben. Zu dieser Zeit waren Kirchenbänke noch unbekannt. Nachdem wir das riesige Gotteshaus bewundert haben, gehen wir zur Fußgängerzone vor und können unseren Rundgang nach rechts bis zum **STACHUS** fortsetzen, wobei das Gesicht dieser Einkaufsmeile aufgrund der überall in Europa gleichen Geschäftsketten eher langweilig ist. Interessanter ist der Abstecher vom Marienplatz nach Süden durch die Rosenstraße in die **SENDLINGER STRASSE**. Fast an ihrem unteren Ende finden wir rechts ein besonderes Schmankerl: die Privatkirche des Barockbildhauers Egid Quirin Asam. In ihr sind Architektur, Malerei und Plastik formvollendet integriert.

ALLE AUGEN NACH OBEN

Täglich um 11 Uhr, 12 Uhr und 21 Uhr, von März bis Oktober auch um 17 Uhr, kann man auf dem Marienplatz das **GLOCKENSPIEL** am Rathausturm bewundern.

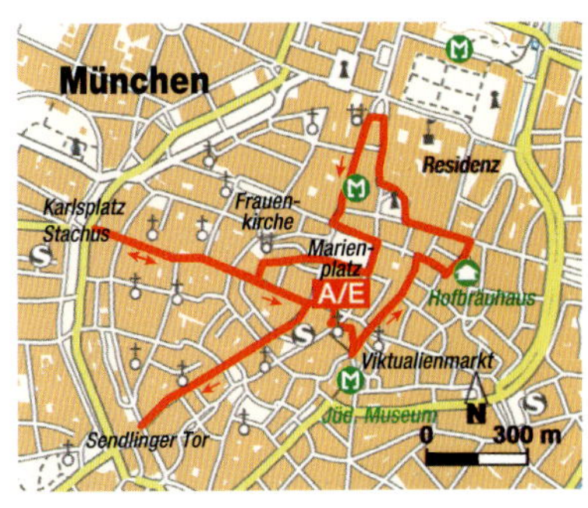

Die Altmühl fließt zwischen Solnhofen und Dollnstein ganz beschaulich an vielen Felsformationen vorbei.

OBERBAYERNS NORDEN MIT ALTMÜHLTAL

Das nördliche Oberbayern mit dem Altmühltal

Tendenziell fahren die meisten Urlauber und auch Einheimische in ihrer Freizeit von der Großstadt München aus gesehen in den Süden, denn dort liegen nun mal die Berge. Das bedeutet aber auch – der Norden Oberbayerns wird definitiv unterschätzt.

Denn dort gibt es einige sehr interessante Städte und wunderbare Landschaften. Dominierend ist natürlich **Ingolstadt**, das durch seine Großindustrie in den letzten fünfzig Jahren einen gewaltigen Aufschwung genommen hat. Die Stadtväter haben es jedoch hervorragend verstanden, diese Expansion nach draußen in die Vororte zu drängen. Der Altstadtkern an der **Donau** und innerhalb des alten **Festungsgürtels** hat seinen Charme voll erhalten. Ingolstadt war als bayerische Landesfestung noch vor 100 Jahren eine reine Militärstadt. Inzwischen sind die Festungen zu Museen geworden und in den grünen Anlagen finden sich wunderbare Spielplätze, sodass

Im Ingolstädter Klenzepark wechseln sich tolle Gärten und Spielwiesen mit wuchtigen historischen Befestigungsanlagen ab.

einer Stadtbesichtigung mit Kindern nichts im Wege steht.

Für Groß und Klein ist ein nahes **Weltkulturerbe** sehr interessant. Gar nicht weit von Ingolstadt entfernt quert der **Limes** den Norden Oberbayerns. Diese historische Grenzanlage der Römer ist an einigen Stellen, etwa in Erkehrtshofen oder in Pfünz, rekonstruiert und macht die Geschichte aus der Zeit von Asterix und Obelix lebendig.

Noch ein Stück weiter erreichen wir die **Altmühl**, die sich zu einem Paradies für Radtouristen und Kanufahrer entwickelt hat. Wunderbar ist es entlang des Flusses zu radeln, keine anstrengenden Steigungen verderben die Familienradtour. Kleine lebendige Dörfer mit guten Gasthäusern oder Cafés, in denen auch die Übernachtung für Fahrradfahrer bestens organisiert ist, säumen heute den Flusslauf. Die Gegend ist aber auch unter Wanderern beliebt, wunderbare Themenwege führen über die Höhenzüge.

Die alte Studentenstadt **Eichstätt** zählt zu den großen Highlights des Altmühltals. Natürlich neben den tollen Landschaften, die vor allem durch ihre Felsen, Höhlen, die fossilienreichen Plattenkalke, die Steilufer, aber auch die Trockenheiden charakterisiert ist. Dabei erzählen vor allem die Steine ihre Geschichten, denn sie bewahren die wertvollen Schätze längst vergangener Zeiten. Bei der **Fossiliensuche** wird die Familie

Spielplätze, wie hier in Ingolstadt, versüßen den Kindern Stadtspaziergänge.

Oben: In den fossilienreichen Kalksteinen des Altmühltals sind schon so einige Dinosaurier gefunden worden.

fündig. Das ganze Gebiet des Altmühltals ist heute ein Naturpark und ein wirklich herrliches Urlaubsziel für alle Naturfreunde.

12 Kanutour auf der Altmühl

Paddelspaß zwischen Solnhofen und Dollnstein

Gerade im Sommer ist eine Kanutour auf der Altmühl ein einmaliges Urlaubserlebnis. Die Altmühl eignet sich auch für absolute Kanuanfänger, denn auf dem ruhigen Fluss lernt man schnell das Kanu richtig zu manövrieren.

In Solnhofen starten wir mit dem Kanu.

Genau genommen liegt unser Ausgangsort Solnstein gar nicht mehr in Oberbayern, sondern bereits in Mittelfranken. Aber hier am Altmühltal treffen gleich mehrere Regierungsbezirke aufeinander und wir paddeln auf unserer KANUFAHRT zurück auf die oberbayerische Seite des Flusses. San-Aktiv-Tours hat sich ganz auf den Kanuverleih spezialisiert. Der Freizeitveranstalter bringt uns auch am Ende der Tour zum Ausgangsort zurück. Wir müssen uns nur einen Tag vorher anmelden, und schon liegt ein Boot mit Schwimmwesten und wasserfester Transporttonne

Ausgangs-/Endpunkt: Solnhofen an der Altmühl
Anfahrt: Auto: auf der A 9 bis Ausfahrt Ingolstadt, weiter über die B 13 nach Eichstätt und dann an der Altmühl entlang oder über die B 2 nach Pappenheim und am Fluss entlang bis Solnhofen. **Bahn/Bus:** über Eichstätt mit dem Zug nach Solnhofen im Altmühltal
Ausrüstung: Sonnenschutz und Getränke auf keinen Fall vergessen, alles andere wird gestellt
Öffnungszeiten: je nach Wasserstand und Witterung ab Anfang Mai täglich Abfahrt 13 Uhr, Rückfahrt etwa 16.30 Uhr
Preise: Familie mit max. 2 Kindern bis 12 Jahre 60 €
Einkehr: erst am Ende der Tour, Brotzeit und Getränke mitbringen
Information: San-Aktiv-Tours, Otto Dietrichstraße 3, 91710 Gunzenhausen, Tel. 09831/49 36, www.san-aktiv-tours.de

Gerade an den Bootsrutschen kann es feucht werden, denn nicht jeder schafft es, sein Kanu trocken hinunter zu manövrieren – aber das ist ja gerade der Spaß daran.

am Ufer der Altmühl in Solnhofen für uns bereit. Nach einer kurzen Einweisung paddeln wir los und machen uns auf die zwölf Kilometer lange Reise flussabwärts. Vorbei an den mächtigen Felswänden des Naturparks geht es Richtung DOLLNSTEIN. Das große Action-Highlight auf dem Wasser sind die zwei BOOTSRUTSCHEN, die wir bewältigen können, aber nicht müssen. Wer Angst hat, baden zu gehen, oder kleinere Kinder dabeihat, umgeht diese Stellen, steigt vorher aus und trägt das Kanu ein Stück bis unterhalb des Wasserwehrs. Dort geht es dann weiter.

Diese Wehre sind übrigens der beste Platz für ein Picknick oder eine Pause am Flussufer. Man sollte aber daran denken, dass der Bus für den Rücktransport in Dollnstein schon bereitsteht. Für ungeübte Paddler ziehen sich die letzten Kilometer nach DOLLNSTEIN, denn die Strecke ist ganz schön lang. Aber selbst wenn man am nächsten Tag einen Muskelkater im Oberarm verspürt, bleibt dieser Tag auf dem Wasser mit viel Spaß, Naturgenuss und Spannung in allerbester Erinnerung!

ALTERSEMPFEHLUNG
Für ganz kleine Kinder ist die Tour nicht geeignet. Die Kanus sind kippelig und man muss sich relativ RUHIG VERHALTEN können.

siliensuche am Blumenberg in Eichstätt

Dinofunde

Nicht erst seit Jurassic Park sind Kinder von Dinosauriern fasziniert. Wörter wie Tyrannosaurus Rex, Triceratops, Compsognathus oder Archäopteryx sprechen sie genauso perfekt aus, wie sie wissen, welcher Dinosaurier damit gemeint ist. Hier im Altmühltal besteht die Möglichkeit, selbst in der Urzeit zu forschen und nach Dinosauriern und Versteinerungen zu graben.

Vor 140 Millionen Jahren lebten FLUGSAURIER und URVÖGEL am Ufer des Jurameeres, das reich an Krebsen, Raubfischen und Wasserpflanzen war. Das Meer trocknete aus und konservierte die abgestorbenen Tiere und Pflanzen in seinem Schlammboden. Der Schlamm wurde im Laufe der Zeit zu Stein und die Formen der darin eingeschlossenen Flora und Fauna wurden plattgepresst und für immer verewigt.

Bisher sind nur zehn Exemplare des Urvogels ARCHÄOPTERYX gefunden worden. Alle stammen aus dem Altmühltal. Der Zufall, einen solch großen Treffer zu landen, kommt zwar einem Sechser im Lotto gleich, aber

Ausgangs-/Endpunkt: Steinbruch Blumenberg/Eichstätt
Anfahrt: **Auto:** Auf der A 9 Richtung Ingolstadt, Ausfahrt Ingolstadt Süd, dann der Beschilderung nach Eichstätt ins Altmühltal folgen; in Eichstätt liegt die Steingrube auf den Anhöhen am nördlichen Altmühltalufer im Ortsteil Blumenau.
Bahn/Bus: Weniger geeignet, denn es ist schwer die Fundstücke zu tragen.
Ausrüstung: Sonnenschutz und ausreichend Getränke nicht vergessen; feste Schuhe sind sehr nützlich; Zeitungspapier zum Einwickeln und Schützen der Funde; Hammer und Meißel, am besten für jedes Kind ein eigenes Set; das Werkzeug kann man aber auch ausleihen.
Öffnungszeiten: von April bis September täglich 10–17 Uhr
Preise: Erwachsene 3 €, Kinder 1,50 €, Familienkarte 6 €, Werkzeug 1,50 €
Einkehr: Am Steinbruch gibt es einen Kiosk.
Information: Steinbruch, Kinderdorfstraße, OT Blumenberg, 85072 Eichstätt, Tel. 0157/73 05 98 06, www.museum-berger.de

trotzdem findet hier jeder Wunderwerke der Urnatur. Überall gibt es filigran verästelte Einschüsse, die DENDRITEN. Viele nehmen an, es sind Versteinerungen von Moosen und Farnen, denen sie ähnlich sehen. In

Etwas Geduld sollten wir bei der Jagd nach Fossilien mitbringen.

Wirklichkeit handelt es sich nur um später eingedrungenes mangan- und eisenhaltiges Wasser, das sich in den Spalten der SOLNHOFNER PLATTENKALKE festsetzte. Diese Pseudofossilien sind jedoch überaus schön und vielfältig und es ist eine wahre Freude immer wieder neue und andersartige zu finden. Mit ein bisschen Glück und einem geübten Auge entdeckt man aber auch Haarsterne.

Deren Kopf sieht manchmal wie ein KLARER KRISTALL aus und besteht aus reinem Calcit. Auch kleine Ammoniten sind zu finden. Die Trefferquote ist enorm hoch.

HEY KIDS,
wollt ihr noch mehr über Fossilien wissen? Das könnt ihr auf einer Wanderung entlang des Fossilienpfades von Eichstätt zum JURA-MUSEUM auf der Willibaldsburg.

14 Informationszentrum Naturpark Altmühltal

Mit allen Sinnen unter dem Klosterdach

In der ehemaligen Klosterkirche Notre Dame, mitten in Eichstätt, liegt die Informationsstelle des Naturparks Altmühltal. Bei einem äußerst informativen und kurzweiligen Rundgang darf man das Altmühltal komprimiert mit allen Sinnen genießen. Mitmachen erwünscht!

Über zwei Stockwerke erkunden wir die neue Ausstellung des Infozentrums mit jeder Menge MITMACHSTATIONEN. Mit allen Sinnen riechen, tasten, hören und sehen wir die Naturschätze des Altmühltals und deren Vielfalt. Spannend ist der Blick in das Innere einer Doline und wir erleben das Plätschern von Wasser an der steinernen Rinne.

Monitore, TASTBOXEN, Riechbereiche, Klappboxen und Schubladen lassen uns viel Interessantes entdecken. Ein besonderes Erlebnis ist der Besuch auf der Galerie in der KUPPELHALLE des ehemaligen Klosters. Bequeme Sessel laden uns schließlich zum Entspannen ein, dabei können wir in aller Ruhe das herrliche Kuppelfresko studieren und klassische Musik dazu genießen.

Im zweiten Stock der Ausstellung dreht sich alles um die Kultur im Natur-

Ausgangs-/Endpunkt: Informationszentrum Naturpark Altmühltal
Anfahrt: **Auto:** Auf der A 9 Richtung Ingolstadt, Ausfahrt Ingolstadt Süd, dann der Beschilderung nach Eichstätt ins Altmühltal folgen; das Infozentrum liegt in der östlichen Stadtmitte und ist gut ausgeschildert, gebührenpflichtige Parkplätze in der Umgebung. **Bahn/Bus:** mit dem Zug nach Eichstätt, zu Fuß weiter ins Stadtzentrum
Öffnungszeiten: Osterferien bis Anfang November Mo bis Fr 9–17 Uhr, Sa, So und Feiertage 10–17 Uhr
Preise: kostenlos
Information: Informationszentrum Naturpark Altmühltal, Notre Dame 1, 85072 Eichstätt, Tel. 08421/987 60, www.naturpark-altmuehltal.de

Der Natur ganz nahe kommen, mit allen Sinnen – das macht Spaß!

park. Hier begegnen uns Fastnachtsgestalten, RÖMER UND RITTER und Legenden werden erzählt.

Im Freien wartet dann noch der Biotopgarten auf uns. Auf kleiner Fläche wird die Artenvielfalt der landschaftsprägenden Naturlebensräume gezeigt.

HEY KIDS,
beim Rundgang begleiten euch die kleinen DINOSAURIER Fossi und Juvi.

15 Das Kastell Vetoniana bei Pfünz

Die Römer und der Limes

Auf einer kurzen Wanderung lässt sich das einstige römische Kastell Vetoniana bei Pfünz besichtigen. Die großen rekonstruierten Elemente lassen Geschichte aufleben und versetzen uns in die Vergangenheit.

RÖMERMUSEUM

Ein weiteres Ausflugsziel ist die nahe **BURG KIPFENBERG** mit ihrem Römer und Bajuwaren Museum und dem Infopoint Limes.

Zunächst wandern wir aus der Ortsmitte von Pfünz steil hinauf über den Römersteig zur Anhöhe Kirchberg. Auf diesem strategisch optimalen Felssporn über dem Altmühltal liegt das **RÖMISCHE KASTELL** Castra Vetoniana. Die dort stationierten römischen Soldaten waren für die Überwachung des 15 Kilometer nördlich gelegenen Limes zuständig. Errichtet wurde diese Befestigung um 90 n. Chr. Von der einstigen Größe zeugen nur noch die Umrisse, die man erst aus der Luft erkennt. Aber die nördliche Toranlage, ein Eckturm mit Wachstube sowie ein Teil der **WEHRMAUER** wurden in den 90er-Jah-

Ausgangs-/Endpunkt: Pfünz im Altmühltal
Anfahrt: **Auto:** auf der A 9 Richtung Ingolstadt, Ausfahrt Ingolstadt Süd, der Beschilderung Richtung Eichstätt ins Altmühltal folgen, dann jedoch rechts auf der St 2230 nach Pfünz; Parkmöglichkeiten in der Ortsmitte, 15 Min. Fußweg hinauf zum Kastell. **Bahn/Bus:** mit dem Zug nach Eichstätt, weiter mit Bussen
Öffnungszeiten: Täglich, im Winter kann man nicht in das Innere der rekonstruierten Teile gehen.
Preise: kostenfrei
Einkehr: erst im nahen Walting, Landgasthaus Zur Mühle
Information: Informationszentrum Naturpark Altmühltal, Notre Dame 1, 85072 Eichstätt, Tel. 08421/987 60, www.naturpark-altmuehltal.de

Neben dem Kastell gibt es auch eine mittelalterliche Brücke in Pfünz zu bestaunen.

ren rekonstruiert, und so kann man sich die Ausmaße von 189 Meter Länge und 145 Meter Breite bestens vorstellen. Ursprünglich war das Kastell aus Holz und Erde erbaut, erst später wurde es stabiler mit Kalksteinen umgebaut.

Unterhalb des Kastells gab es eine Siedlung, in der die Angehörigen der Soldaten, aber auch Handwerker und Händler lebten. Bei Ausgrabungen wurden ein Jupiter-Dolichenus-Tempel sowie ein römisches Bad gefunden. Sogar ein wertvoller MÜNZSCHATZ war darunter. Die meisten Funde sind im Museum für Ur- und Frühgeschichte auf der Willibaldsburg in Eichstätt ausgestellt. Ein kurzer Römerlehrpfad mit vielen Informationstafeln führt um das Kastell und erklärt vieles über den heute zum UNESCO-WELTKULTURERBE gehörenden Limes.

HEY KIDS, wollt ihr auch den Limes sehen? Dann fahrt zum LIMESTURM bei Erkertshofen nördlich der Altmühl. Diesen Turm könnt ihr auch besteigen.

16 Das Audi Forum mit dem museum mobile

Aus Horch wurde Audi

München hat seinen BMW – Ingolstadt seinen Audi. Natürlich dreht sich heute alles um die Autos mit den vier Ringen. Das museum mobile am Audi Forum in Ingolstadt präsentiert spannend die Geschichte dieser Automarke. Für Autofans ein Muss.

Dabei lohnt es sich eine Führung mitzumachen. Diese werden mehrmals täglich angeboten. Die Ausstellung im AUDIMUSEUM ist zwar sehr gut beschriftet, aber die Guides verstehen es, mit Anekdoten die Geschichte um die Entstehung der Marke Audi lebendig zu erzählen. Dabei gehen sie voll auf Kinder ein, und so erfährt man während des Rundgangs Fakten und alles Wichtige rund um die Fahrzeuge der Firmengeschichte.

In dem modernen, runden Glasbau gibt es sehr viel zu sehen. Von Motor-

BADESTOPP

Zum Baden gibt es in Ingolstadt südlich der Donau die tolle DONAUTHERME WONNEMAR mit Rutschenparadies. Hier kommen alle Wasserratten auf ihre Kosten und man kann beide Ausflüge gut miteinander verbinden. Im Sommer findet man auch einige schöne Badeseen fast direkt am Ufer der Donau.

Ausgangs-/Endpunkt: Audi Forum
Anfahrt: **Auto:** Auf der A 9 Richtung Ingolstadt bis Ausfahrt Lenting, dann der Beschilderung zum Audi Forum Ingolstadt folgen, Parkplätze sind vorhanden.
Bahn/Bus: mit dem Zug nach Ingolstadt Hauptbahnhof, weiter mit Bussen
Öffnungszeiten: täglich 9–18 Uhr
Preise: Erwachsene 4 €, Kinder 2 € mit Führung, ansonsten die Hälfte
Einkehr: Im Audi Forum gibt es mehrere Möglichkeiten.
Information: Audi Forum Ingolstadt, Ettinger Straße, 85057 Ingolstadt, Tel. 0800/283 44 44, www.audi.de

rädern über das erste Auto bis hin zu RENNSPORTFAHRZEUGEN. Selbstverständlich können wir nach der Führung das Museum bis in den hintersten Winkel erkunden. Im museum mobile gibt es aber auch beson-

Von außen lässt sich nicht erahnen, wie viele tolle Autos im Audi Forum stehen.

dere Erlebnisführungen. Die Termine erfährt man im Internet. Von Montag bis Freitag kann man um jeweils 10.30 Uhr, 12.30 Uhr und 14.30 Uhr das AUDI-WERK besichtigen. Ein unvergessliches Erlebnis ist es zu sehen, wie die Roboterarme tanzen und schließlich an der Endmontage Antrieb und Karosserie zu einem fertigen Audi zusammengefügt werden. Es gibt aber auch spezielle KINDERFÜHRUNGEN unter dem Motto Audi-fertig-los, Farbdetektive, Bionik oder Motorsport. Da ist bestimmt für jeden etwas dabei!

17 Das Kelten Römer Museum Manching

Ave Cäsar, ave Kinder – eine spannende Zeitreise

Wenn man Asterix und Obelix mag, gefällt die Zeitreise im Kelten Römer Museum von Manching sicherlich der ganzen Familie. Manching liegt auf geschichtsträchtigem Boden, denn bevor die Römer vor gut 2000 Jahren Oberbayern besiedelten, lebten hier keltische Stämme.

Das Museum liegt genau im ehemaligen Ringwall des OPPIDUMS VON MANCHING. Vor mehr als 2400 Jahren stand hier eine befestigte keltische Stadt, die mit geschätzten 5000 bis 10 000 Einwohnern schon eher einer Großstadt als einer Siedlung glich. Die Einwohner waren Handwerker und Bauern und sie betrieben im großen Stil Handel. Dafür nutzten sie auch die Schifffahrt durch die günstige Lage am Zusammenfluss von Paar und Donau. Bereits im Mittelalter wusste man von der Existenz des Oppidums, aber mit intensiven Ausgrabungen begann man erst um 1955. Seitdem hat man viel über das Leben und die Siedlung der Kelten erfahren. Der hypermoderne Glasbau des Museums steht im krassen Gegensatz zu den Zeitzeugnissen des Altertums. Denn nach den Kelten kamen die

Ausgangs-/Endpunkt: Römer- und Keltenmuseum Manching
Anfahrt: **Auto:** über die A 9 bis Ausfahrt Manching, dann weiter Richtung Manching, oder über die B 16 kommend nach Manching. **Bahn/Bus:** mit dem Zug nach Ingolstadt Hauptbahnhof, weiter mit Bussen Richtung Manching, Haltestelle Am Schloßberg
Öffnungszeiten: Februar bis November täglich außer Mo 9.30–16.30 Uhr, Sa, So und Feiertage 10.30–17.30 Uhr; im Winter eine Stunde kürzer, an einigen Feiertagen jedoch geschlossen
Preise: Kinder ab 6 Jahren 1,50 €, Erwachsene 5 €, Familienprogramm kostet zusätzlich
Information: Kelten Römer Museum Manching, Im Erlet 2, 85077 Manching, Tel. 08459/32 37 30, www.museum-manching.de

Römer und errichteten im nahen Oberstimm ein befestigtes Kastell. In den großen Räumen des Museums finden sich viele Fundstücke der Kelten und Römer: Tonscherben, Gefäße, Schmuckstücke wie Kleiderfibeln, Werkzeuge und Waffen. Es wurden aber auch Holzhütten, in denen die Kelten lebten, nachgebaut. Historisch und von beachtlichem Wert ist der 1999 ausgegrabene GOLDSCHATZ: 450 keltische Goldmünzen. Das übersichtliche Miniaturmodell des befestigten römischen Kastells Oberstimm trennt die keltische und römische Welt voneinander. Hier gibt es auch das Museumskino, das einen anschaulichen Film über die Epochen zeigt. Im Erdgeschoss sind dann die in der Donau gefundenen, gut erhaltenen Schiffsreste von RÖMERBOOTEN ausgestellt.

Die gut erhaltenen Römerboote sind eines der Highlights in diesem Museum.

FEIERN WIE DIE RÖMER

Wer die Zeitreise noch intensiver erleben möchte, sucht sich am besten im nahen Altmühltal eines der zahlreichen RÖMER- ODER KELTENFESTE aus, die den ganzen Sommer über immer wieder an verschiedenen Orten mit verschiedenen Themen stattfinden. Gerade für Kinder ein lebendiges Vergnügen.

Für einen erlebnisreichen Besuch erkundigt man sich im Vorfeld im Internet nach einer Veranstaltung aus dem Familienprogramm. Nach Anmeldung führt ein Archäologe durch das Museum und erklärt alles sehr verständlich. Kinder dürfen dann in die MUSEUMSWERKSTATT, wo sie, stilgerecht in römische Tracht eingekleidet, Fibeln oder Armreifen biegen, Öllämpchen töpfern oder römische Speisen zubereiten.

18 Eichstätt

Ein Spaziergang durch Eichstätt ist wie ein Urlaubstag in einer italienischen Stadt. Jung, frisch und lebendig – und doch mit historischem Flair – präsentiert sich die Studenten- und Bistumsstadt. Auf der Altmühl paddeln Bootswanderer und Radtouristen haben die Ufer erobert. Ein wunderbares Urlaubsfeeling.

Wir starten am autofreien Herzogsteg über die Altmühl und überqueren den Fluss zur Altstadtseite. Nach wenigen Schritten sind wir am Marktplatz mit dem Rathaus und dem WILLIBALDBRUNNEN. Von hier aus geht es nach Süden zum Dom mit dem Grab des heiligen Willibald, des Stadtgründers. Durchqueren wir die Kirche diagonal, so kommen wir in das berühmte Mortuarium. Das ist eine zweischiffige gotische Halle, die den mittelalterlichen Domherrn als Grablege gebaut wurde. Kinder halten wir am besten mit der gruseligen Darstellung des JÜNGSTEN GERICHTS nach einem Entwurf von Hans Holbein bei Laune. Die gilt es zu entdecken!

Der Ausgang im Süden führt auf den RESIDENZPLATZ mit den Dom-

MUSEUMSBESUCH

Ein Spaziergang über den aussichtsreichen Frauenberg zur WILLIBALDSBURG mit dem Bastionsgarten und dem Jura-Museum, in dem zahlreiche fossile Stücke, darunter der berühmte ARCHAEOPTERYX zu sehen sind, ist zu jeder Jahreszeit schön.

Ausgangs-/Endpunkt: Herzogsteg über die Altmühl in Eichstätt
Anfahrt: Auto: auf der A 9 Richtung Ingolstadt, Ausfahrt Ingolstadt Süd, dann der Beschilderung nach Eichstätt ins Altmühltal folgen; am Bahnhof große Parkplätze in der Inneren Freiwasserstraße. **Bahn/Bus:** mit dem Zug nach Eichstätt, zu Fuß hinter dem Bahnhof entlang der Inneren Freiwasserstraße zum Herzogsteg
Einkehr: Sehr nett sitzt man am Marktplatz im Café Paradeis.
Information: Tourist-Info Eichstätt, Domplatz 8, 85072 Eichstätt, Tel. 08421/600 14 00, www.eichstaett.de

In der ehemaligen bischöflichen Sommerresidenz ist heute die Universität untergebracht.

herrenhäusern, der in seiner Geschlossenheit einmalig in Deutschland ist. Von hier aus geht es über die Uferwiesen der Altmühl zum Hofgarten mit der fürstbischöflichen Sommerresidenz. Im Anschluss besuchen wir noch auf dem Kardinal-Preysing-Platz das HAUS DER NATURPARKVERWALTUNG (Tipp 14), wo wir uns mit Unterlagen über den Naturpark eindecken können. Abschließend können wir den Rundgang mit einem Besuch der Benediktinerinnenabtei St. Walburg und ihrer Barockkirche beenden.

HEY KIDS,
zum Baden gibt es in Eichstätt ein großes FREIBAD westlich der Altstadt, am nördlichen Altmühlufer.

19 Ingolstadt – einst Militärstadt, heute Großstadt

Ingolstadt wird durch seine Festungsbauten geprägt. Doch die Militärbauten wirken schon lange nicht mehr bedrohlich, sondern sind zu einer interessanten Kulisse inmitten der weiten Parks und Gärten geworden, von denen die gesamte Altstadt umgeben ist.

Wir beginnen den Rundweg durch Ingolstadt am Donau-Südufer im Klenzepark und finden uns umgeben von WUCHTIGEN FESTUNGEN wie die Reduit Tilly, die heute statt Kanonen Museen beherbergen. Die Grünanlage mit ihren üppigen Blumenbeeten ist der Naherholungsort der Stadt. Vor uns über der Donau liegt die Altstadt mit dem gewaltigen NEUEN SCHLOSS und links sehen wir das Münster, die gotische Hauptkirche. Ganz in der Nähe liegt übrigens die Kirche Maria-de-Victoria, eine Asam-Kirche mit einer herrlichen Monstranz, die die Seeschlacht von Lepanto abbildet.

FÜR SHOPPING-INTERESSIERTE
Vor den östlichen Toren Ingolstadts liegt das große OUTLET-SHOPPINGCENTER Ingolstadt Village.

Am Münster beginnt auch die große EINKAUFSSTRASSE, die am Neuen Schloss endet. Dort finden Kinder die vielen Kanonen am Eingang zum BAYERISCHEN ARMEEMUSEUM immer spannend. Eine Besonderheit ist das Deutsche Medizinhistorische Museum in der ALTEN

Ausgangs-/Endpunkt: Klenzepark Ingolstadt
Anfahrt: Auto: über die A 9 bis Ausfahrt Ingolstadt, im Stadtzentrum mehrere Parkmöglichkeiten. **Bahn/Bus:** mit dem Zug zum Hauptbahnhof Ingolstadt, weiter mit Bussen in die Altstadt
Einkehr: In der Altstadt gibt es jede Menge Cafés und Gaststätten.
Information: Tourist-Info im Alten Rathaus, Rathausplatz 2, 85049 Ingolstadt, Tel. 0 841/305 30 30, www.ingolstadt-tourismus.de

Von April bis Oktober können wir jeden Sonntag von 10.30–11.30 Uhr auf den Ingolstädter Pfeifturm steigen und die Aussicht genießen.

ANATOMIE der ehemaligen Universität, das einen Überblick über die Entwicklung der Medizin gibt.

Wer sich für moderne Kunst interessiert, schaut im Museum des Stahlbildhauers Alf Lechner vorbei oder besucht das Museum für konkrete Kunst in der Tränkltorstraße.

HEY KIDS,
am Ende des Klenzeparks, auf dem ehemaligen BUGA-Gelände, liegt ein RIESENGROSSER SPIELPLATZ mit einem Schiff als Klettergerüst.

Am Pilsensee, einem der vielen
Seen des Fünf-Seen-Landes

FÜNF-SEEN-LAND

Das Fünf-Seen-Land

Südwestlich von München liegt das Fünf-Seen-Land. Dazu gehören neben dem großen Starnberger See auch der Wörth-, Pilsen- und Weßlinger See sowie der Ammersee. Alle diese Seen entstanden durch die Erosion und Ablagerungen der Gletscher während der letzten Eiszeit. Neben diesen großen Seen gibt es aber noch eine große Menge kleinerer Weiher, eingebettet in eine herrliche Hügellandschaft. Sie sind ein wunderbares Naherholungsziel für viele Münchner, aber auch eine beliebte Urlaubsregion. Allein schon ihre wunderbare Lage – stets nach Süden mit freiem Blick auf die Alpen – macht es zu einer der Traumregionen Oberbayerns.
Eine der Hauptattraktionen sind natürlich die vielen Bade- und Wassersportmöglichkeiten im Sommer. Jeder der Seen besitzt Badeplätze,

Am Südende des Ammersees lässt sich das Ammermoor erkunden.

Strandbäder oder große Erholungsgebiete. Das sportliche Angebot für Wanderer und Radfahrer ist riesig. Gerade mit dem Fahrrad erreicht man als Familie an den Seen Stellen, wo ein Autofahrer gar nicht hinkommt. Mit Kindern kann man sich auch gerne auf eine Rundtour um den See wagen. Wer keine Kraft mehr hat, steigt einfach an einem Anlegesteg in ein Dampfschiff der bayerischen Seenschifffahrtsflotte ein und lässt sich zum Ausgangspunkt zurückbringen.

Neben den ganzen Freizeitmöglichkeiten werden aber auch Kultursuchende im Fünf-Seen-Land fündig. Schon früh erkannten berühmte Persönlichkeiten und Künstler das Potenzial dieser Landschaft und prägten diese. Egal ob Ludwig II., die österreichische Kaiserin Sissi oder jüngere Prominenz wie Schauspieler oder Fußballstars. Überall gibt es viel zu entdecken. Ganz besonders toll für Familien sind die jährlich im Juli stattfindenden Kaltenberger Ritterspiele nördlich des Ammersees. An drei Wochenenden taucht man dort in die Zeit des Mittelalters mit Marktleben, Gauklern, Ritterlager, Handwerk und natürlich einem großen Ritterturnier mit Pferden und Spielen und allem was sonst noch dazugehört.

Die Pählerschlucht ist nicht nur etwas für heiße Tage.

Oben: Ein neues Gut, das Gut Aiderbichl, mit vielen geretteten Tieren liegt an den Osterseen bei Iffeldorf.

20 Am Ammersee

Schaufelraddampferfahrt und Badefreuden

Der westlichste See im Fünf-Seen-Land ist der Ammersee. Nach dem Starnberger See ist er der zweitgrößte See in diesem Gebiet. Am besten und gemütlichsten erkundet man ihn bei einer Dampferfahrt. Da kann man nach Belieben aussteigen und etwas unternehmen.

Ganz besonders interessant sind die beiden Schaufelraddampfer, die am Ammersee die einzelnen Orte miteinander verbinden. Wir können von jedem Dampfersteg aus starten, aber **HERRSCHING** eignet sich durch den S-Bahn-Anschluss besonders gut. Am besten suchen wir uns schon vorher die Fahrzeiten der Raddampfer aus dem Internet. Dann auf zum Anlegesteg, Tickets kaufen und rauf auf das Schiff. Es ist herrlich den Seewind um die Nase zu spüren.

MARKTTAG

Jedes Jahr an Christi Himmelfahrt findet in Dießen ein riesengroßer **TÖPFERMARKT** statt. Da entdeckt man viele tolle Sachen.

Fans historischer Schiffe bevorzugen die Raddampfer »Herrsching« oder »Dießen«. Die 1908 erbaute »Dießen« ist der älteste **BAYERISCHE RADDAMPFER**. Er wurde 2006 generalsaniert. Speziell der Salon wurde nach alten Plänen rekonstruiert. Eine echte Besonderheit ist auch die »Herrsching«. Erbaut wurde sie erst 2002, aber sie ist ein

Ausgangs-/Endpunkt: Bootsanlegestelle Herrsching
Anfahrt: **Auto:** über die A 96 bis Ausfahrt Inning, weiter nach Herrsching, dann am Ostufer entlang Richtung Süden. **Bahn/Bus:** mit der S-Bahn von München nach Herrsching
Öffnungszeiten: Schifffahrt von Ostern bis Mitte Oktober
Preise: Große Rundfahrt Erwachsene 17 €, kleine südliche Rundfahrt Erwachsene 10,50 €, Kinder von 6 bis 17 Jahren zahlen jeweils die Hälfte.
Information: Bayerische Seenschifffahrt, Tel.08143/94 00 21, www.seenschifffahrt.de oder www.sta5.de

Mit dem Raddampfer »Herrsching« – oder der »Dießen« – starten wir zu einer Ammersee-Rundfahrt.

Hightech-Schiff im Kleid der Jahrhundertwende, wobei auch ihre Antriebstechnik ein Schaufelrad ist.

Einen ersten Stopp sollte man in **DIESSEN** am Südufer einlegen. Die kunsthistorisch sehr wertvolle Klosterkirche, das Marienmünster, interessiert vor allem die Erwachsenen. Kinder hingegen haben ihre Freude an den kleinen Handwerksläden mit der **ZINNGIESSEREI**. Bis heute werden hier Zinnwaren produziert. An der Uferpromenade können wir uns ein Boot ausleihen. Und wer Lust zum Baden

HEY KIDS,
in Dießen gibt es noch den **BURGWALD-LEHRPFAD**. Der etwa zweieinhalb Kilometer lange Rundweg führt über 14 Stationen auf den kleinen Schatzberg!

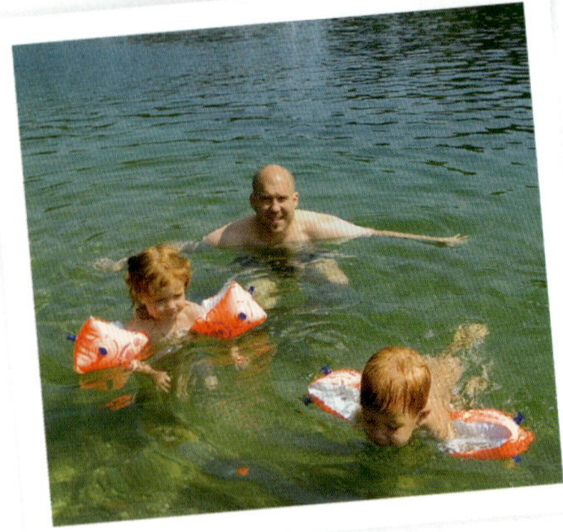

Oben: Wunderbar ist ein Badetag in einem der zahlreichen Ammersee-Strandbäder.

Unten: Aber auch an allen anderen öffentlichen Stellen können wir in den See hüpfen.

hat, wandert etwas nördlich von Dießen nach St. Alban. Dort liegt eines der **SCHÖNSTEN STRANDBÄDER** des Ammersees, ein weiteres findet man im kleinen Ort Riederau.

Für einen Biergartenbesuch stoppen wir am besten in Utting. In der **ALTEN VILLA** direkt am See gibt es am Wochenende sogar Livemusik. In Utting gibt es gerade im Hochsommer noch einen zweiten Grund, vom Schiff zu gehen. Für Familien ist der Besuch im **PFLANZENLABYRINTH EX ORNAMENTIS** super. Der große Irrgarten wechselt jedes Jahr Motiv und Motto und ist immer wieder spannend. Wir müssen nicht nur den richtigen Weg suchen, sondern auch jede Menge Rätsel lösen. Ein wirklich riesiger Spaß für die ganze Familie. Das letzte Highlight in Utting ist der **HOCHSEILGARTEN** Ammersee. Auf vier Ebenen klettert man über verschiedenste Elemente. Kinder können bereits ab sechs Jahren mitmachen.

Zurück in Herrsching können wir dann den Tag im großen Kurpark oder an der Uferpromenade ausklingen lassen und den Sonnenuntergang über dem Wasser genießen. Dort gibt es jede Menge Eiscafés, aber auch Spielplätze und eine Minigolfanlage.

Das Scheuermann-Schlösschen im Kurpark ist eines der Wahrzeichen von Herrsching.

21 Das Bauernhofmuseum Jexhof

Urlaubsspaß in vergangenen Zeiten

Versteckt und ganz einsam auf einer Lichtung im Wald finden wir das Bauernhofmuseum Jexhof. Der alte Hof war wirklich bis 1980 bewohnt und ist nun zusammen mit seinen Nebengebäuden zu einem Museum geworden.

Neben dem alten **WOHNHAUS**, in dem fast die komplette Einrichtung aus der Zeit um 1900 stammt, gibt es einen Getreidestadel mit **TRAKTOREN**, das Maschinenhaus, ein Backhaus sowie den großen Kuhstall, der heute als Eingangsgebäude dient. Natürlich leben auch einige Tiere hier auf dem Museumsgelände. Außerdem gibt es mehrmals im Monat eine offene **KINDERWERKSTATT**, bei der Kinder im Alter von vier bis neun Jahren unter pädagogischer Anleitung kreativ werden dürfen.

NATURSCHÖNHEIT

Südlich von Schöngeising verlässt die Amper den Ammersee. Auf dem ersten Kilometer bildet sie ein großes Naturschutzgebiet: das **AMPERMOOS**. Hier leben jede Menge seltene Vögel und Pflanzen. Einen tollen Blick darauf erlebt man bei Grafrath, wenn man von der Wallfahrtskirche St. Rasso den Fluss quert und dann ein kleines Stückchen flussaufwärts wandert.

Ausgangs-/Endpunkt: Jeyhof Schöngeising
Anfahrt: **Auto:** über die A 96 bis Ausfahrt Wörthsee, dann links nach Etterschlag und der Beschilderung folgen. **Bahn/Bus:** nur als Wanderung möglich; mit der S 4 von München nach Schöngeising, dann 6 km zu Fuß auf schönen Waldwegen
Öffnungszeiten: April bis Nov Di bis Sa 13–17 Uhr, So und Feiertage 11–18 Uhr
Preise: Erwachsene 4 €, Kinder 2 €, Kinderwerkstatt 10,50 €
Einkehr: Am Museum gibt es ein kleines Café.
Information: Bauernhofmuseum Jexhof, 82296 Schöngeising, Tel. 08153/932 50

Den Besuch des Bauernhofmuseums Jexhof können wir mit einer Wanderung oder einer Radtour verbinden.

Zwischen den Stallungen finden wir jede Menge historische Arbeitsgeräte.

22 Kiddi-Car und das Kloster Fürstenfeld

Der Bestechungs-Ausflug

In Fürstenfeldbruck, nördlich des Ammersees, gibt es gleich zwei große Attraktionen. Kinder lieben Kiddi-Car, während Erwachsene gerne die große barocke Klosteranlage Fürstenfeld besichtigen wollen. Gut, dass sich beides verbinden lässt.

KURZE WANDERUNG

Im Westen von Fürstenfeldbruck gibt es den netten, drei Kilometer langen WALDERLEBNISPFAD ROTHSCHWAIGER FORST mit vielen Stationen.

Es gibt diese Urlaubstage, da möchten Eltern etwas anderes als Kinder. Um alle unter einen Hut zu bringen, darf man schon einmal etwas Bestechung einsetzen. So handeln wir heute mit den Kindern den Deal aus: Sie dürfen bei KIDDI-CAR einige Runden drehen und im Gegenzug dürfen die Erwachsenen dann in aller Ruhe die barocke Klosteranlage Fürstenfeld besichtigen.

Bei Kiddi-Car stehen 17 flotte ELEKTRO-QUADS und fünf Mini-Autos für Kinder ab sechs Jahren bereit. Bevor es auf die Strecke geht, bekommen die Kids eine gründliche Einweisung und lernen dabei gleich einmal ein paar Verkehrsregeln. Ob sie diese verstanden haben, müssen sie im An-

Ausgangs-/Endpunkt: Kiddi-Car
Anfahrt: **Auto:** über die B 2 oder B 471 bis Ausfahrt Füstenfeldbruck Mitte, Parkplätze vorhanden. **Bahn/Bus:** von München mit der S4 zur Haltestelle Fürstenfeldbruck, weiter mit dem Bus oder etwa 2 km Fußweg
Öffnungszeiten: April bis Oktober Sa, So, Feiertage und Ferien 14–18 Uhr
Preise: Einzelfahrt 4,30 €, Sechserfahrt 23 €, Kinderparcours ab 4 Jahren 8 €
Einkehr: Bei Kiddi-Car gibt es einen Kiosk, am Kloster gibt es das wunderschöne Restaurant Fürstenfelder.
Information: Kiddi-Car, Theodor-Heuß-Str. 7, 82256 Fürstenfeldbruck; Tel. 08141/422 38, www.kiddicar.de und www.kloster-fuerstenfeld.de

Praktischerweise gibt es direkt am Kloster Fürstenfeld auch einen wunderbaren Biergarten.

schluss auf der Strecke zeigen. Da gibt es wie im **RICHTIGEN STRASSENVERKEHR** Kreuzungen, Vorfahrtsstraßen, Ampeln, Stopp-Schilder, Zebrastreifen und Einbahnstraßen. Der Parcours ist superspannend und meist wollen die Kids gar nicht wieder runter vom Gas!

Aber versprochen ist versprochen, und so steht noch die Besichtigung der **KLOSTERANLAGE** an. Der Weg dorthin ist überall in Fürstenfeldbruck ausgeschildert. Die Klosterkirche Maria Himmelfahrt hat tagsüber immer geöffnet, zumindest bis zum Gitter. Sie ist ein Hauptwerk des späten **BAROCK.** Auch Kinder haben ihren Spaß daran auf den bunten Deckenfresken Details zu entdecken. Das Kloster selbst hat eine lange Geschichte und wurde von den Wittelsbachern gegründet.

DIE WELT DER VÖGEL

Etwas nördlich von Fürstenfeldbruck gibt es in Olching einen **VOGELPARK**. Von Nandus über Sittiche und Papageien bis zu heimischen Vögeln leben dort fast 600 Tiere. Besichtigung nur an Sonn- und Feiertagen, www.vogelpark-olching.de.

23 Wörthsee, Pilsensee, Weßlinger See

Jede Menge Badefreuden

SCHLOSS ÜBER DEM SEE

SCHLOSS SEEFELD ist zum Teil wunderbar restauriert und große Teile der Gebäude sind an Künstler, Handwerker und Firmen vermietet. Das Gelände ist frei. Für die Einkehr gibt es ein sehr nettes Bräustüberl.

Der kleine Weßlinger See ist bei einem Spaziergang schnell umrundet.

Die drei kleineren Seen im Fünf-Seen-Land gehören unbedingt auf das Ferienprogramm. In allen lässt sich herrlich baden, aber man kann sie auch zu Fuß oder mit dem Rad erkunden.

Der WÖRTHSEE ist zwar der größte unter den kleinen Seen, aber viele seiner Uferzonen sind in Privatbesitz. Das gilt auch für die idyllische Mausinsel, die sich im See befindet. Am Südwestende liegt das große Erholungsgelände Oberndorf. Dort ist Baden kostenfrei und ein langer Steg führt ins Wasser. Für eine Um-

Ausgangs-/Endpunkt: Wörthsee, Seefeld oder Weßling
Anfahrt: **Auto:** zum Wörthsee über die A 96, Ausfahrt Wörthsee; zum Pilsensee über die A 96, Ausfahrt Oberpfaffenhofen, weiter über Weßling nach Seefeld am Pilsensee; zum Weßlinger See über die A 96, Ausfahrt Oberpfaffenhofen, Wörthsee. **Bahn/Bus:** zum Wörthsee mit der S 5 von München nach Steinebach am Wörthsee; zum Pilsensee mit der S 5 von München nach Seefeld-Hechendorf; zum Weßlinger See mit der S 5 von München nach Weßling
Einkehr: An allen Seen gibt es in den größeren Orten Einkehrmöglichkeiten.
Information: Tourist-Info Starnberger Fünf-Seen-Land, Herrsching Tel.08152/5227, Starnberg Tel. 08151/90600, www.sta5.de

rundung zu Fuß ist der See für Kinder zu groß. Besser man umkurvt ihn mit dem Fahrrad.
Der langgestreckte **PILSENSEE** liegt am Fuße des Schlosses Seefeld, in dem die Grafen von Toerring wohnten und in deren Familienbesitz es sich bis heute befindet. Der See ist nur 17 Meter tief, so erwärmt er sich schnell.

Am Wörthsee lässt sich gut ein Bade-Urlaubstag verbringen.

Das Nord- und das Südufer sind nicht zugänglich, dort befinden sich große Schilfgürtelzonen. Aber vor allem am Ostufer finden wir einige wunderbare Badestellen sowie ein Erholungsgelände.
Der **WESSLINGER SEE** ist der kleinste See und liegt mitten im gleichnamigen Ort. Das hat seinen besonderen Reiz, gruppieren sich so doch Wohnhäuser, Gaststätten und die Kirche rund um den See. Mit einem malerischen Spaziergang lässt er sich leicht umrunden. An einem kleinen Strandbad sowie an wenigen anderen Stellen kann man baden. Netter ist, sich ein Ruderboot auszuleihen.

24 Durch die Pähler Schlucht zum Hochschloss

Wandern und Spielen in der Wildnis

Gleich hinter dem Dorf Pähl sind wir in einem Urwald. Spannender kann Wandern kaum sein! Umgestürzte Baumstämme liegen kreuz und quer in einer wilden Schlucht, manchmal ist der schmale Pfad abgerutscht. Ganz am Ende treffen wir auf den Wasserfall des Burgleitenbachs. Ein richtiges Abenteuer.

In Pähl gehen wir die Kirchstraße entlang, die sich um die Pfarrkirche windet. Dann biegt sie nach rechts ab und gleich nochmals nach rechts, hier heißt sie dann Hesseloher Straße. Bei der Bushaltestelle wandern wir links in die Sternstraße den Berg aufwärts, bei der Rechtskurve schickt uns dann ein Schild links Richtung Pähler Schlucht. Jetzt kann man den Weg nicht mehr verfehlen.

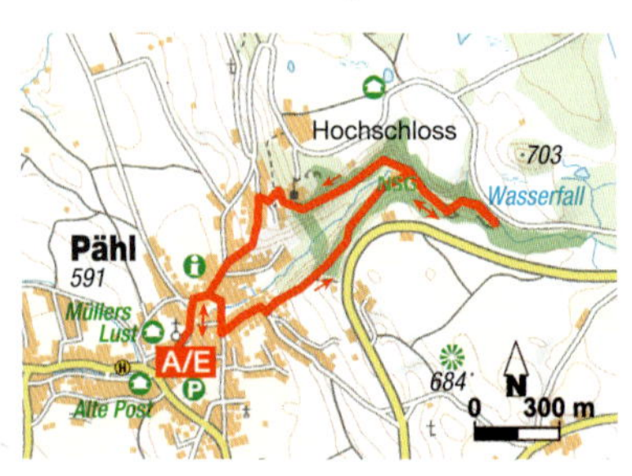

Zunächst führt uns ein bequemer Wanderweg am Waldrand entlang und dann

Ausgangs-/Endpunkt: Pähl, Pfarrkirche St. Laurentius
Anfahrt: **Auto:** Über die A 95 und A 952 von München nach Starnberg, dort weiter auf der B 2 Richtung Weilheim; etwa 8 km nach Traubing nach der großen Linkskurve rechts nach Pähl; Parkplätze rund um die Kirche
Weglänge: 4 km
Gehzeit: 1 Std. 30 Min.
Ausrüstung: feste Schuhe, Badesachen
Tourencharakter: Kurze Wanderung auf Waldwegen, teilweise pfadlos an den Hängen einer Schlucht entlang, nur für trittsichere Kinder; an Tagen nach starkem Regen empfehlen wir Gummistiefel zum Überqueren des Baches.
Einkehr: mehrere Gasthöfe in Pähl, z. B. Gasthof Alte Post in der Ammerseestraße
Information: Gemeinde Pähl, Tel. 08808/920 40, www.gemeinde-paehl.de

Das Pähler Schloss ist in Privatbesitz und kann nicht besichtigt werden.

schräg abwärts zum Burgleitenbach in die **PÄHLER SCHLUCHT**. Bald wandern wir auf einem Pfad, den wir uns mal tief unten am Wasser, mal weiter oben einfach suchen. Wir wechseln ein paarmal die Bachseite. Das geht ganz gut über die Steine im Bachbett, ansonsten ziehen wir die Schuhe aus. Etwa 500 Meter nach einem Pumpenhaus haben wir das Ende der Schlucht erreicht. Es ist ein kleiner, fast runder Platz, an dem das Wasser über eine **HÖHENSTUFE** herabfällt. Der Ort ist auch im Sommer wunderschön kühl und ideal für eine Rast. Kinder können hier spielen und sich austoben.

Zurück gehen wir bis zum **PUMPENHAUS**. Oberhalb davon beginnt ein breiterer Weg, der uns aus der Schlucht herausführt. Er führt am Hochschloss Pähl entlang, dann beginnt ein Steig zu einer Straße, die uns zuerst links, dann auf dem Weg rechts zurück zu unserem Parkplatz bringt.

HEY KIDS,
werft einen Blick ins Innere des Pumpenhäuschens. Dort steht noch ein großes **WASSERRAD**, mit dem man Trinkwasser zum Pähler Hochschloss beförderte.

25 Der Starnberger See

Ein Urlaub für sich

Über den Starnberger See könnte man ein eigenes Buch schreiben, so viel gibt es hier zu unternehmen und zu entdecken. Der fast 21 Kilometer lange See hieß bis in die 60er-Jahre hinein noch Würmsee, nach der letzten Eiszeit, die ihn geprägt hatte und dem Fluss, der vom Nordufer seinen Lauf in Richtung München nimmt.

Es gibt verschiedene Wege, den Starnberger See zu erkunden. Mit dem Auto, mit dem Rad, zu Fuß oder mit dem Schiff. Alles hat seine Vor- und Nachteile.

Eine Bootsfahrt mit einem der **DAMPFER** der bayerischen Schifffahrtsflotte ist mit Sicherheit für die ganze Familie ein Vergnügen. Dabei ist eine große Rundfahrt fast schon tagesfüllend, vor allem wenn man unterwegs einen Stopp einlegt. Da bleibt zum Baden kaum noch Zeit.

Eine **RADTOUR** ist wunderschön und sehr zu empfehlen, erreicht man doch damit Plätze, an die man mit dem Auto nicht hinkommt. Mit Kindern ist die komplette Fahrt mit dem Fahrrad rund um den See jedoch zu lange. Je nachdem, wie alt sie sind, lohnen sich aber Streckenabschnitte. Größere schaffen z. B. den Weg von Starnberg über das Ostufer nach Seeshaupt, wo man die Rückfahrt mit dem Zug oder dem Schiff an-

SCHÖNE AUSSICHT

Einen schönen Aussichtspunkt über den See findet man auf der **ILKAHÖHE** nahe Tutzing am Westufer oder am Ostufer an der kleinen Aussichtskapelle bei Degerndorf.

Ausgangs-/Endpunkt: Starnberger See
Anfahrt: **Auto:** auf der A 95 nach Starnberg (Norden) oder auf der A 95 bis zu den Ausfahrten Münsing (Mitte) oder Seeshaupt (Süden). **Bahn/Bus:** Bahnhöfe gibt es in Starnberg, Tutzing (auch S-Bahn) und Seeshaupt
Information: Tourist-Info Starnberger Fünf-Seen-Land, 82319 Starnberg, Tel. 08151/90 600 www.sta5.de

Am Ostufer des Starnberger Sees gibt es lange Strände.

treten kann. Das ist vor allem deswegen interessant, weil weite Strecken entlang des Ostufers für den normalen Autofahrer gesperrt sind. Kleineren Kindern reicht bereits der Streckenabschnitt von **SEESHAUPT NACH TUTZING**, der zu den schönsten rund um den Starnberger See zählt. Dabei radelt man durch den Bernrieder Park, besucht Bernried mit seiner Klosterkirche und passiert das **BUCHHEIM-MUSEUM**.

Mit dem Auto kann man natürlich gezielt einzelne Orte ansteuern. Sehr lohnenswert sind Starnberg, Tutzing, Bernried und Seeshaupt. Mit dem Auto erreicht man auch die großen Erholungsge-

HEY KIDS,
es gibt in den Sommermonaten den Brauch des **FISCHERSTECHENS**. Ganz lustig ist auch das nur alle vier Jahre stattfindende **OCHSENRENNEN** in Münsing.

biete zum Baden am besten und man kann sämtliches **BADEEQUIPMENT** mitnehmen. Das Erholungsgebiet Ambach an der Südostseite des Sees ist riesengroß und man kann von dort den **SONNENUNTERGANG** genießen. Außerdem gibt es viele gebührenpflichtige Parkplätze und u. a. eine tolle Einkehrmöglichkeit beim Buchscharner Seewirt. Am Nordende des Sees liegen die Erholungsgebiete Possenhofen und Kempfenhausen. Daneben gibt es noch jede Menge Strandbäder in Starnberg, Feldafing, Tutzing, Bernried und Seeshaupt. Zusätzlich findet man aber auch sonst noch einige freie Stellen, um ins Wasser zu hüpfen, auch wenn dann das Angebot an Liegeflächen begrenzt ist!

Das Gebäude des Buchheim Museums ist einem Schiff mit mehreren Decks nachempfunden.

Beim Buchscharner Seewirt auf der Ostseite des Sees lockt nicht nur die gute Küche, sondern auch die Bademöglichkeit im Sonnenuntergang.

Oben: Die großen Giraffen weisen auf den Parkplatz des Buchheim Museums hin.

Am Westufer gibt es gleich drei interessante Ausflugsziele für Kinder. Das **MUSEUM DER PHANTASIE**, kurz Buchheim Museum genannt, liegt bei Bernried. Es zeigt die große Kunstsammlung des Autors und Malers Lothar-Günther Buchheim. Sein wohl bekanntestes Werk »Das Boot« wurde sogar verfilmt. Im Museumsbau sind viele moderne Werke von Expressionisten zu sehen. Aber dazwischen gibt es jede Menge für Kinder zu entdecken. So gefallen Dittis Blätterbilder, der Zirkus Buffi, die Holzfiguren von Hans Schmitt und die Kunstwerke im Garten eigentlich allen Kindern. Ein anderes schönes Ziel ist die kleine **ROSENINSEL** bei Feldafing. Um sie zu erreichen, muss man mit der Fähre übersetzen. Die Roseninsel ist nicht sehr groß, es gibt dort eine kleine Villa, das Casino, die heute als Standesamt genutzt wird. Dazu gibt es ein paar Nebengebäude und einen wunderbaren Rosengarten. Sissi, die österreichische Kaiserin, wuchs hier ganz in der Nähe im Schloss Possenhofen auf und besuchte die Insel öfter zusammen mit ihrem Cousin König Ludwig II. Spannend ist auch ein Ausflug von Söcking aus in die **MAISINGER SCHLUCHT**. Das geht zu Fuß oder mit dem Rad. Kinder lieben diesen Bach!

26 Gut Aiderbichl Iffeldorf

Tierrefugium und Osterseen

Der Schauspieler Michael Aufhauser ist der Gründer der Aiderbichl-Höfe, deren Ziel es ist, sich um Tiere in Not zu kümmern. Bei Iffeldorf an den Osterseen gibt es ein neues Gut Aiderbichl, auf dem viele Tiere glücklich leben dürfen.

Die Osterseen mit ihrer geheimnisvollen Landschaft sollten wir gemeinsam mit dem Gut Aiderbichl besuchen.

Neben dem GUT AIDERBICHL sind die direkt angrenzenden Osterseen ein weiteres Familienhighlight. Dieses wunderbare GEOTOP ist zwar schon lange kein Geheimtipp mehr, trotzdem ziehen uns die mystisch dunklen Toteisseen und die sonnige Moorlandschaft immer wieder in ihren Bann. Die OSTERSEEN sind ein Überbleibsel aus der Eiszeit. Als sich die Gletscher zurückzogen, blieben gewaltige Eisblöcke liegen. Durch das Schmelzwasser wurden sie teilweise mit

Ausgangs-/Endpunkt: Gut Aiderbichl
Anfahrt: **Auto:** Auf der A 95 bis Ausfahrt Penzberg/Iffeldorf, weiter über Iffeldorf Richtung Seeshaupt; Gut Aiderbichl liegt direkt an der Straße. **Bahn/Bus:** mit dem Zug nach Iffeldorf, weiter mit dem Aiderbichl-Shuttlebus
Öffnungszeiten: täglich 9–18 Uhr
Preise: Erwachsene 8 €, Kinder 4–14 Jahre 3,50 €
Einkehr: Am Gut Aiderbichl gibt es ein Restaurant.
Information: Gut Aiderbichl, Osterseehof 1, 82393 Iffeldorf, Tel.08801/915 65 50, www.gut-aiderbichl.de

Kinder sind kaum von den Tieren, denen man heute ansieht, wie gut es ihnen auf Gut Aiderbichl geht, wegzulocken.

Gesteinsschutt bedeckt. Man rechnet, dass es nochmals gut 1000 Jahre dauerte, bis diese Eisreste geschmolzen waren. Zurück blieben offene Wasserflächen, die man Toteisseen nennt. Unter Naturschutz gestellt, hat sich bei Iffeldorf ein einzigartiges Biotop entwickelt, in dem man viele Insekten, Amphibien oder auch Vögel beobachten kann. Herrliche Wanderwege führen direkt am Wasser entlang. Dramatisch wachsen Bäume auf die Wasseroberfläche hinaus, daneben stehen alte verfallene Baumstümpfe im vielfarbig schillernden Moorwasser, in dem sich die nahen Berge spiegeln. Es gibt einige Badestellen, vor allem am Ostufer, wo auch das Gut Aiderbichl liegt.

Auf Gut Aiderbichl kann man alle Tiere besuchen und dabei gleichzeitig etwas für den Tierschutz tun. Es gibt Ponys, Ziegen, Schweine, Rinder, Schafe und Esel, aber auch Katzen und Hunde sowie Kaninchen und Hühner.

HEY KIDS,
vergesst die BADESACHEN nicht! Das warme Wasser der Osterseen wartet schon auf euch.

27 Schlosspark Berg und der Märchenkönig

Ein herrlicher Park zieht sich bei Berg den Starnberger See entlang. Er dient vielen Spaziergängern zur Erholung und lässt dabei fast vergessen, dass er an den bayerischen König Ludwig II. erinnern soll, der hier seine letzten Stunden verbracht hat.

Die Terrasse des nahen Schlosshotel Bergs lockt zu einer Einkehr direkt am See.

Wir folgen vom Parkplatz etwa 200 Meter der Waldstraße und dann der Wittelsbacherstraße, von der wir schräg rechts in den Fußweg Am Hofgarten einbiegen. Rechts von uns, versteckt hinter dichten Bäumen und Büschen, liegt das Wittelsbacher **SCHLOSS BERG**, das vor allem im 19. Jh. den Wittelsbacher Herrschern als Sommerwohnung diente. Als solche nutzt sie heute Franz Herzog von Bayern, der derzeitige Chef des Hauses Wittelsbach.

Eine offene Tür im Zaun lässt uns in den Teil des Schlossparks eintreten, der für die Öffentlichkeit zugänglich ist. Wir könnten geradeaus durch den Park wandern, schöner aber ist es, wenn wir bei der ersten Gelegenheit nach rechts abbiegen, um an das Ufer des Starnberger Sees zu

Ausgangs-/Endpunkt: Berg am Starnberger See
Anfahrt: **Auto:** auf der A 95 Richtung Starnberg, bei Percha abfahren und ein Stück am Ostufer entlang nach Süden; in Berg rechts Richtung Schloss Hotel Berg zum kleinen Parkplatz zwischen Mühlgasse und Waldstraße fahren
Einkehr: Schloss Hotel Berg mit seiner großen Seeterrasse
Information: Tourist-Info Starnberger Fünf-Seen-Land, Starnberg, Tel. 08151/906 00, www.sta5.de

Um den Tod König Ludwigs II. ranken sich viele wilde Legenden und Gerüchte, in denen aber bestimmt ein Körnchen Wahrheit steckt.

gelangen. Der Weg am Ufer entlang führt direkt an die Stelle, an der der **BAYERISCHE KÖNIG** 1886 zu Tode gekommen ist. Ein **HOLZKREUZ** im Uferwasser des Sees markiert die Stelle, an der er tot aufgefunden wurde. In der neoromanischen Votivkapelle oberhalb findet am Todestag heute noch alljährlich ein Gedenkgottesdienst für den König statt.

HEY KIDS,
das **BADEN AM SEEUFER** im Park ist erlaubt. Im Hochsommer bieten die Bäume des Parks angenehmen Schatten.

Vom Kranzberg bei Mittenwald blicken wir auf das Karwendel, ein mächtiges Bergmassiv mit vielen Felswänden.

BAYERISCHES
OBERLAND UND
WERDENFELSER
LAND

Bayerisches Oberland und Werdenfelser Land

Diese beiden Gebiete sind das **Herzstück Oberbayerns**. Die Nähe zu München kombiniert mit der lieblichen Hügellandschaft und den nahen Alpen – es gibt kaum vergleichbare Landstriche, die so viel Schönheit in Stadtnähe vereinen. Geografisch lässt sich das Gebiet in seiner Ost-West-Ausrichtung durch den Inn und den Lech begrenzen.

Murnau am Rande des Werdenfelser Landes bezaubert mit seinem idyllischen Markt.

Im Süden ist es die Grenze nach Tirol. Flüsse wie Inn, Mangfall, Leitzach, Isar und Loisach prägen die Gegend.

Für Städte wie **Rosenheim**, der größten Stadt im Oberland, Miesbach, Bad Tölz, Murnau, Mittenwald oder **Garmisch-Partenkirchen** sollte man sich viel Zeit nehmen.

Südlich von Rosenheim erstreckt sich das **Inntal** bis nach Kufstein. Dort reiht sich ein Urlaubsort an den anderen. Auf dem Weg nach Westen liegen die Kurorte **Bad Aibling** und **Bad Feilnbach** sowie Miesbach. Südlich davon sind die Top-Wohnlagen des Schliersees und des Tegernsees. Leicht übersehen wird der kleine Ort Weyarn mit seiner Stiftskirche. Dort stehen die Hauptwerke des Barockschnitzers Ignaz Günther – für kunsthistorisch Interessierte ein absolutes Muss.

Südlich von **Weyarn** ragt der Taubenberg aus den Hügeln heraus. Er erlaubt herrliche Ausblicke auf die Alpen und liefert zudem das Trinkwasser für München. Nach Holzkirchen findet man den **Kirchsee**, einen Moorsee mit angenehm warmem Wasser. Ganz in der Nähe thront das **Kloster Reutberg** auf einem Hügel. In seinem Bräustüberl und dem Biergarten lässt sich die Aussicht auf die Berge genießen. Von

Für Nervenkitzel sorgt der AlpsiX bei Garmisch-Partenkirchen.

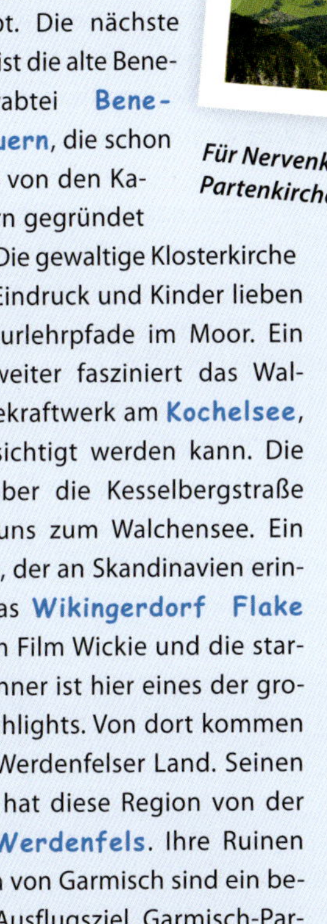

hier ist es nicht mehr weit zur alten **Flößerstadt** Bad Tölz mit ihrer romantischen Marktstraße oder nach Lenggries, wo es am Fuße des Braunecks ein riesiges Freizeitangebot gibt. Die nächste Station ist die alte Benediktinerabtei **Benediktbeuern**, die schon um 725 von den Karolingern gegründet wurde. Die gewaltige Klosterkirche macht Eindruck und Kinder lieben die Naturlehrpfade im Moor. Ein Stück weiter fasziniert das Walchenseekraftwerk am **Kochelsee**, das besichtigt werden kann. Die Fahrt über die Kesselbergstraße bringt uns zum Walchensee. Ein Bergsee, der an Skandinavien erinnert. Das **Wikingerdorf Flake** aus dem Film Wickie und die starken Männer ist hier eines der großen Highlights. Von dort kommen wir ins Werdenfelser Land. Seinen Namen hat diese Region von der **Burg Werdenfels**. Ihre Ruinen nördlich von Garmisch sind ein beliebtes Ausflugsziel. Garmisch-Partenkirchen ist der Hauptort der Region. Die Berge rundum sind durch zahlreiche Bergbahnen erschlossen, allen voran die nostalgische Zahnradbahn auf die Zugspitze. Als architektonische Glanzleistung gilt die 2007 errichtete **Olympiaschanze** für Skispringer. Ein Abstecher führt uns zu dem idyllischen Eibsee, der seine heutige Form einem gewaltigen Felssturz zu verdanken hat, der vor ca. 3500 Jahren vom Zugspitzmassiv abgebrochen ist. Mittenwald mit seinen bemalten Häusern darf schließlich nicht ausgelassen werden. Buckelwiesen und die mächtigen Bergmassive des **Karwendels** und des Wettersteins prägen diese Landschaft genauso wie zahlreiche kleine Bergseen.

Von Oberau aus setzt man dann die Reise entweder nach Norden über Murnau oder nach Westen fort. Über das Kloster **Ettal**, Schloss Linderhof und **Oberammergau** erreicht man schließlich den Lech.

28 Füssen und seine Naturlehrpfade

Ausflug ins nahe Ostallgäu

Auch wenn Füssen bereits im Ostallgäu liegt, ist ein Ausflug dorthin wunderbar. Nicht nur die Stadt ist ausnahmslos schön, auch viele andere Ziele, wie der nahe Forggensee oder das Schloss Neuschwanstein, sind interessant. Für Kinder sind vor allem die Naturlehrpfade bei Ziegelwies ein tolles Abenteuererlebnis.

INS TAL DER SINNE

Auf der anderen Seite des Lechs gibt es einen dritten Naturlehrpfad. In BAD FAULENBACH liegt das Tal der Sinne mit seinen Kneipptretbecken, dem Barfußpfad und dem Freibad.

Das Walderlebniszentrum Ziegelwies liegt etwas außerhalb von Füssen direkt am Lech. Vom Parkplatz auf österreichischer Seite erreicht man über einen spannenden 480 Meter langen und bis zu 21 Meter hohen, leicht schwankenden **BAUMKRONENWEG** das Walderlebniszentrum. Dort beginnen gleich zwei Lehrpfade: der Auwaldpfad und der Bergwaldpfad.

Ausgangs-/Endpunkt: Naturmuseum Südtirol
Anfahrt: **Auto:** Über die A 7, B 310 oder B 17 nach Füssen, dort weiter auf der B 17 Richtung Reutte; Ziegelwies liegt direkt an der Grenze, der größere Parkplatz liegt auf österreichischer Seite. **Bahn/Bus:** mit dem Zug bis Füssen, dann mit dem Bus Richtung Reutte/Tirol, Haltestelle Ziegelwies
Öffnungszeiten: Täglich, im Winter werden die Wege nicht geräumt, bei Hochwasser ist der Auwaldpfad nicht zugänglich; Ausstellungsräume von Mai bis Oktober täglich 10–17 Uhr
Preise: Der Lehrpfad ist kostenfrei; Baumkronenweg 4 € ab 16 Jahren, Kinder frei
Einkehr: In der Stadt Füssen gibt es viele Möglichkeiten.
Information: Walderlebniszentrum Ziegelwies, Tirolerstr. 10, 87629 Füssen, Tel. 08362/938 75 50, www.walderlebniszentrum.eu, www.fuessen.de

Der **AUWALDPFAD** führt über neun Mitmachstationen: Tastboxen, Kletterbäume, ein **FLOSS**, der **MATSCHPFAD** und Hängematten liegen entlang des Weges. Wir erfahren Interessantes zu Themen wie Hochwasser, Flussbegradigung und die Bedeutung des Auwaldes. Im Sommer unbedingt Badesachen mitnehmen, am **LECHUFER** gibt es herrliche Plansch-Stellen! Vom Auwaldpfad kann man einen kurzen Abstecher zum nahen Naturwunder Lechfall machen. Dort sprudelt der Lech über mehrere Stufen abwärts und zwängt sich im Anschluss durch eine enge **FELSENSCHLUCHT**. Den besten Blick hat man von dem Steg, der auf die andere Seite des Lechs führt.

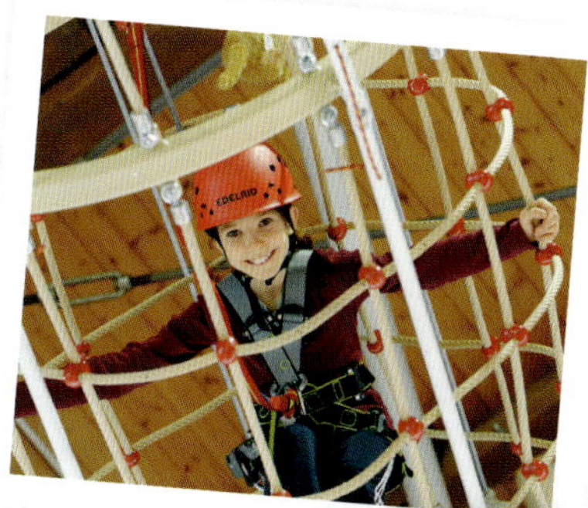

An den Ufern des Lechs gibt es auch einige Badestellen.

Oben: Bei schlechtem Wetter locken gleich zwei Indoor-Hochseilgärten am Vaude Outletcenter.

Zum **BERGWALDPFAD** kommen wir durch einen dunklen Tunnel. Der Weg führt aufwärts durch den Schutzwald. Dessen Bedeutung wird an Informationstafeln erklärt, aber natürlich gibt es wieder jede Menge Stationen für Kinder.

Wenn das Wetter einmal nicht mitspielt, gibt es in Füssen eine tolle Alternative. Die führt zwar nicht durch die grüne Natur, bietet aber jede Menge Spaß. Am Vaude Outletcenter in der Schäfflerstraße 19b gibt es einen tollen **INDOOR**-Hochseilgarten. Zu den Ladenöffnungszeiten kann dieser besucht werden. Wenn wir gleichzeitig dort einkaufen, ist der Eintritt besonders günstig! Ein absoluter Geheimtipp. In der Nähe von Füssen liegen auch noch der **WEISSENSEE** und der Forggensee, beide eignen sich besonders gut zum Schwimmen.

29 Schongauer Märchenwald

Märchen, Tiere und Reitspaß

Ein etwas kleinerer, aber sehr liebevoll gestalteter Märchenpark erwartet uns in Peiting bei Schongau. Er ist besonders für kleinere Kinder ein erlebnisreiches Ausflugsziel, aber auch ältere Geschwister haben ihren Spaß beim Ponyreiten und mit den vielen Tieren.

Klein, aber fein: der Schongauer Märchenwald

Beim Rundgang hören wir uns an kleinen Holzhütten **MÄRCHEN** von Hänsel und Gretel, den sieben Geißlein, Dornröschen, Tischlein deck dich, Schneewittchen und vielen anderen an. Die Figuren sind beweglich, so gibt es jede Menge zu schauen. Dazwischen gibt es immer wieder **TIERGEHEGE** mit Damwild, Schafen und Ziegen

Ausgangs-/Endpunkt: Schongauer Märchenwald
Anfahrt: **Auto:** Von München über die A 96 nach Landsberg, dann weiter auf der B 17 nach Schongau bis Ausfahrt Peiting-West; von dort ist der Märchenpark ausgeschildert, viele Parkplätze vorhanden.
Öffnungszeiten: ganzjährig an den Wochenenden ab 10 Uhr, Mai bis September 9–19 Uhr, April und November 10–18 Uhr
Preise: Erwachsene und Kinder ab 6 Jahren 6 €, Kleinkinder 5 €, Ponyreiten 5 €
Einkehr: Gaststätte Märchenwald mit großer Sonnenterrasse und extra Kinderkarte direkt an den Spielplätzen gelegen
Information: Schongauer Märchenwald und Tierpark, Dießenerstr. 6, 86956 Schongau, Tel. 08861/75 27, www.schongauer-maerchenwald.de

Das Glück der Erde liegt nun mal auf dem Rücken der Pferde …

und die lustige Hasenstadt. Ein toller **SPIELPLATZ** liegt direkt vor dem Restaurant. Der Höhepunkt des Parks sind die **PONYS**, die wir für eine halbe Stunde mieten können. Sicher geführt durch Elternhand können die Kids auf den Pferden durch das Gelände reiten. Wer sich das nicht alleine zutraut, kann für das gleiche Geld, dann allerdings nur für 15 Minuten, geführt werden.

STADTBUMMEL

Nach dem Besuch des Märchenparks kann man die nette Altstadt von **SCHONGAU** besuchen. Die historischen Wehrgänge in der Stadtmauer sind auch für Kinder interessant.

30 Das Bergbaumuseum in Peißenberg

Tief unter Tage

Ausgerüstet mit Helmen geht es heute mit einer Führung in die ehemaligen Stollen des Kohlebergwerkes Peißenberg. Danach besuchen wir noch das Museum im ehemaligen Zechenhaus und das Maschinenhaus. Hier sind große Maschinen, eine Transportlokomotive, Förderwagen, Loren und eine Entlüftungsmaschine ausgestellt.

Äußerst anschaulich ist die Führung unter Tage im Bergmuseum von Peißenberg.

Nass, feucht, muffig und dunkel ist es hier unter Tage. 200 Meter weit werden wir durch den TIEFSTOLLEN, in dem von 1869 bis 1923 insgesamt 1,4 Millionen Tonnen Kohle abge-

Ausgangs-/Endpunkt: Bergbaumuseum Peißenberg
Anfahrt: **Auto:** Von München auf der A 95 Richtung Garmisch bis zum Autobahndreieck Starnberg, dann weiter nach Starnberg und auf der B 2 über Weilheim nach Peißenberg; das Museum ist ausgeschildert. **Bahn/Bus:** mit dem Zug nach Peißenberg
Öffnungszeiten: jeden ersten und dritten So im Monat 13.30–16.30 Uhr, von 15. Mai bis 15. September zusätzlich Mi 13.30–16.30 Uhr
Preise: Erwachsene 5 €, Kinder 6–16 Jahre 2 €
Einkehr: Peißenberg hat viele Einkehrmöglichkeiten; mit sensationellem Ausblick sitzt man im Restaurant Bayerischer Rigi am Hohen Peißenberg.
Information: Bergbaumuseum Peißenberg, Am Tiefenstollen 2, 82380 Peißenberg, Tel. 08803/51 02, www.peißenberg.de, www.knappenverein-peissenberg.de

Gerade an klaren Föntagen ist das Panorama vom Hohenpeißenberg einmalig.

baut wurden, geführt. Auf unterhaltsame Weise erfahren wir viel über den Arbeitsalltag der Bergwerksmänner und wie die Kohle abgebaut und abtransportiert wurde. Wir erleben sogar die **ERDERSCHÜTTERUNGEN**, die bei einer – jetzt natürlich mechanisch hervorgerufenen – Sprengung entstehen.

> **RUNDUM SCHÖNE AUSSICHT**
>
> Der 988 Meter hohe **PEISSENBERG** liegt gleich in der Nähe und ist einen Abstecher wert. Von hier oben hat man einen der schönsten **360°-AUSSICHTSPUNKTE** und blickt weit über das gesamte Münchner Voralpenland bis in die nahen Alpen.

Im **ZECHENHAUS** und im Maschinenhaus gibt es noch viel zu sehen und die Kinder dürfen auf die Baumaschinen klettern.

berg

[Mu]rnau mit Staffelsee und Riegsee

Im Blauen Land

Das Blaue Land, so nennt sich Murnau mit seinen umliegenden Gemeinden. Hier gibt es Badespaß am Staffelsee, am Riegsee und am Froschhausener See. Oder wie wäre es mit einer spannenden Wanderung ins große Murnauer Moos?

Wer an einem klaren Tag von den Anhöhen über dem Gasthof Ähndl auf das **MURNAUER MOOS** zu den Bergen blickt, versteht, was mit der Bezeichnung Blaues Land gemeint ist. Das hat bereits vor über hundert Jahren **KÜNSTLER** und Maler wie Wassiliy Kandinski, Gabriele Münter oder Franz Marc fasziniert, sodass sie die Künstlervereinigung »Der Blaue Reiter« gründeten.

STAFFELSEESCHIFFFAHRT
Abfahrtszeiten der Schiffe vom 1. April bis 1. November finden wir unter www.staffelsee.org.

Kinder sind jedoch sicherlich mehr an den tollen **BADEMÖGLICHKEITEN** interessiert. Mit seinem warmen Wasser, den vielen Buchten und den Inseln ist der **STAFFELSEE** zum Baden ideal. Direkt bei Murnau kann man im Ortsteil Seeleiten ins Wasser hüpfen. Dort startet auch das kleine **MOTORBOOT** zur Staffelseerundfahrt. Ein **MINIGOLFPLATZ** und ein

Ausgangs-/Endpunkt: Murnau
Anfahrt: **Auto:** auf der A 95 bis Ausfahrt Murnau, weiter nach Murnau; Parkmöglichkeiten in der Ortsmitte oder für das Murnauer Moos südlich davon am Kirchlein Ähndl oder zum Baden im Staffelsee der Beschilderung folgen. **Bahn/Bus:** mit dem Zug nach Murnau
Einkehr: In Murnau gibt es zahlreiche Möglichkeiten, vor allem in der Fußgängerzone.
Information: Tourist-Info Murnau, Kohlgruberstr. 1, 82418 Murnau, Tel. 08841/614 10, www.murnau.de

Sieben Inseln liegen im Staffelsee.

Spielplatz sorgen für Abwechslung. Der Staffelsee und der **RIEGSEE** lassen sich auch toll auf einer **RADTOUR** zusammen erkunden. Zu Fuß ist besonders eine **WANDERUNG** von Uffing am Nordende des Staffelsees zu empfehlen. Dabei wandert man entlang der **UFFINGER ACHE** zu einigen der schönsten Badeplätze, die nicht mit dem Auto erreichbar sind. Zum Baden eignet sich aber auch der Riegsee und der südlich davon gelegene kleine **FROSCHHAUSER SEE**.

Außerhalb der Badesaison bietet sich ein **RUNDWEG IM MURNAUER MOOS**, dem größten zusammenhängenden Moor Mitteleuropas, an. Dort locken nicht nur die Aussicht, sondern auch diverse Moorrundwege. Größere Kinder starten am Gasthaus und Kirchlein Ähndl, kleinere im Ortsteil Grafenaschau auf den Holzbohlen-Weg.

…ch die Schleifmühlenklamm

Wetzsteine, Wasserfälle und Sommerrodeln

Diese kurze und spannende Wanderung führt durch die Schleifmühlenklamm mit tosendem Wasser und schäumenden Wasserfällen. Es lockt auch die nahe Sommerrodelbahn.

Wir starten vom Wanderparkplatz und folgen wenige Meter der Straße Richtung Berg. Gleich beginnt rechts über den Schleifmühlenbach der Wanderweg in die **SCHLEIFMÜHLENKLAMM**. Informationstafeln erklären den Abbau der Wetzsteine sowie die Bedeutung dieses Handwerks für die Region. Zu Beginn der Klamm

HEY KIDS,
besucht auch das Wetzsteinmuseum im nahen Gasthof Schleifmühle und die **STECKENBERGALM** mit ihrer Sommerrodelbahn und dem großen Spielplatz.

Ausgangs-/Endpunkt: Unterammergau, Wanderparkplatz Steckenberg
Anfahrt: **Auto:** Über die A 95 Richtung Süden, bei Oberau auf der B 23 nach Oberammergau und weiter nach Unterammergau; der Wanderparkplatz liegt hinter der Sommerrodelbahn Steckenberg. **Bahn/Bus:** mit dem Zug nach Unterammergau, zusätzlich 15 Min. Fußweg
Gehzeit: 1 Std.
Ausrüstung: Feste Schuhe; die Tour ist nicht kinderwagentauglich.
Tourencharakter: Kurzer Rundweg durch eine spannende Schlucht; kleinere Kinder gehören an die Hand.
Öffnungszeiten: Sommerrodelbahn Mai bis Ende Oktober 10–17 Uhr, am Wochenende und in den Ferien auch eine Stunde länger, nicht bei Regen oder Nässe
Preise: Sommerrodelbahn Einzelfahrt Erwachsene 3 €, Kinder 2,50 €
Einkehr: Ganz in der Nähe des Startplatzes liegt die Steckenbergalm oder der Gasthof Schleifmühle.
Information: Unterammergau Tourismusverband, Dorfstr. 23, 82497 Unterammergau, Tel. 08822/6400, www.ammergauer-alpen.de

laden Kiesbänke zum Rasten und Spielen ein. Dann wird der Weg schmäler und schließlich zu einem Steig. Er führt über Brücken und Stege. Das Wasser brodelt und rauscht und zwängt sich an Felssteinen vorbei. Am Ende der Klamm erreichen wir dann einige **WASSERFÄLLE** und verlassen den Pfad schließlich auf eine breitere Forststraße. Mit kleineren Kindern dreht man hier am besten um und wandert nach links zurück zum Parkplatz. Größere Kinder schaffen von hier aus auch den zweistündigen Aufstieg zum Pürschling.

Überall rauscht und brodelt das Wasser in der Schleifmühlenklamm.

Im Anschluss sollte man noch den nahen, wunderschönen Ort **OBERAMMERGAU** besichtigen, der für seine vielen bemalten Häuserfassaden, die Lüftlmalereien, bekannt ist. Hier gibt es die **SOMMERRODELBAHN KOLBENSATTEL**, die bereits für Kinder ab 3 Jahren geeignet ist, aber auch einen **REPTILIENZOO**.

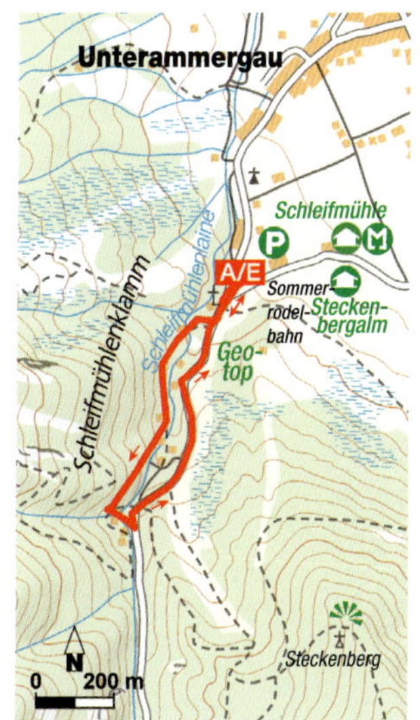

Zu Beginn der Wanderung passieren wir den kleinen Bildstock.

klamm

…en Kuhfluchtfällen

…ldlehrpfad und Wasserfälle

Farchant liegt auf dem Weg nach Garmisch und wird von den Autofahrern oft gar nicht bemerkt, denn ein Tunnel führt unter dem Dorf hindurch. Aber hier gibt es einen sehr schönen Waldlehrpfad zu tollen Wasserfällen. Da wandern die Kinder ganz von allein.

Warm ist das Wasser im Kneipptretbecken des Kuhfluchtbaches definitiv nicht!

Bis zur Kuhflucht wandert man entlang eines unterhaltsamen und spannenden **WALDLEHRPFADES**. Da gilt es unter anderem sich im Weitsprung mit Hasen und Rehen zu messen, Rätsel zu lösen, Bäume zu erraten oder die Durchlässigkeit von Bodentypen zu bestimmen. Dann treffen wir auf den **KUHFLUCHTBACH**, dem wir aufwärts bis zu den Wasserfällen folgen. Die Kuhfluchtfälle sind ein rauschen-

Ausgangs-/Endpunkt: Farchant, Parkplatz am Warmbad
Anfahrt: **Auto:** auf der A 95 von München Richtung Garmisch bis zum Autobahnende, dann vor dem Tunnel rechts nach Farchant, im Ortszentrum links über die Gleise und rechts der Beschilderung zum Warmbad folgen. **Bahn/Bus:** mit dem Zug nach Farchant
Gehzeit: 1 Std. 15 Min.
Ausrüstung: feste Schuhe, Sonnenschutz
Tourencharakter: Einfache Wanderung auf schattigen Waldpfaden, kleinere Felsen liegen auf dem Pfad und können nach Regen etwas rutschig sein; nicht mit Kinderwagen befahrbar
Einkehr: unterwegs keine, Brotzeit mitbringen; erst im Anschluss in Farchant
Information: Tourist-Info Farchant, Am Gern 1, 82490 Farchant, Tel. 08821/96 16 96, www.farchant.de

An den Kuhfluchtfällen

des Wasserspiel von beeindruckender Naturgewalt. Hier strömt und fällt das Wasser von mehreren Seiten nach unten, vereinigt sich dann und fließt wild brausend ins Tal. Nach Regenfällen ein besonders beeindruckender Anblick.
Der Rückweg erfolgt zunächst auf dem Hinweg. Dann setzen wir den Rundweg am Waldlehrpfad fort. Nun locken das **KNEIPPTRETBECKEN** und ein Barfußpfad am Wegrand. Kurz vor der Einmündung der Kuhflucht in die Loisach kann man herrlich im Flussbett spielen, Dämme bauen, Wasserräder setzen und Sonnenbaden. Sonnenschutz ist dringend empfohlen, denn die weißen Steine des Bachbettes reflektieren die Sonnenstrahlen besonders gut. Wer richtig schwimmen will, geht in das **WERDENFELSER WARMBAD**.

HEY KIDS,
ein toller ABENTEUERSPIELPLATZ liegt in Farchant auf der anderen Seite des Dorfes am Ende des Spielleitenweges.

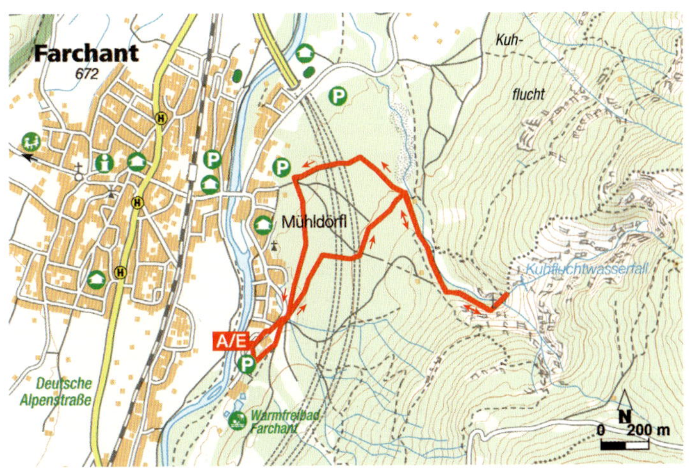

h die Partnachklamm

…nden Gewässer von Garmisch

Auf 800 Meter hat sich der Wildbach Partnach ein bis zu 80 Meter tiefes Bett senkrecht in den Fels gegraben. Das bereits 1912 zum Naturdenkmal erklärte Schauspiel fasziniert nicht nur kleine Abenteurer. Die Klamm ist eine der großen Tourismus-Attraktionen von Garmisch-Partenkirchen und absolut sehenswert.

Am Parkplatz des Olympiastadions müssen wir wählen, ob wir bequem mit einer **PFERDEKUTSCHE** bis zum Klammbeginn fahren oder ob wir vom Start weg etwa 30 Minuten auf Schusters Rappen zum Klammhäuschen marschieren. Nachdem wir Eintritt bezahlt haben, sind wir in der **PARTNACHKLAMM** und es wird sogleich dunkler und unheimlicher. Auf Brücken und Stegen wandern wir mal mehr, mal weniger nah am Wasser entlang und gewinnen dabei unmerklich an Höhe. Unter uns schäumt und brodelt das Wasser und zwängt sich durch die **ENGEN FELSEN**. An vielen Stellen tropft es auch von oben und die Luft ist ganz feucht. Am Ende

Ausgangs-/Endpunkt: Garmisch-Partenkirchen
Anfahrt: **Auto:** auf der A 95 von München zum Autobahnende, weiter nach Garmisch/Mittenwald, dann rechts der Beschilderung zum Olympia-Skistadion folgen, dort viele Parkmöglichkeiten. **Bahn/Bus:** mit dem Zug nach Garmisch, vom Bahnhof weiter mit dem Bus oder in 20 Min. zu Fuß
Gehzeit: 2 Std. bis Eckbauer mit Kutsche
Ausrüstung: Feste Schuhe und eine warme Jacke für die Klamm; die Tour ist nicht kinderwagentauglich.
Öffnungszeiten: das ganze Jahr über täglich 8–18 Uhr, bei Hochwasser geschlossen
Preise: Partnachklamm Erwachsene 3,50 €, Kinder 6–16 Jahre 2 €; Talfahrt Eckbauer Erwachsene 9,50 €, Kinder 6–16 Jahre 6,50 €
Einkehr: Unterwegs kann man zwischen dem Gasthof Eckbauer oder dem Hotelrestaurant Das Graseck wählen; in der Ortsmitte von Garmisch gibt es für jeden Geschmack etwas.
Information: Garmisch-Partenkirchen Tourismus, Richard-Strauss-Platz 1a, 82467 Garmisch-Partenkirchen, Tel. 08821/18 07 00, www.ga-pa.de

Jede Klamm hat den Vorteil, dass Kids eigentlich immer ganz von alleine sausen – sie werden vom Wasser magisch angezogen!

der Schlucht liegt ein schöner Rastplatz. Die Kinder werden im steinigen Bachbett zu Hydroexperten. Sie stauen Wasser auf, leiten es um oder wollen nur planschen und Steine werfen.

WEITER WANDERN
In Garmisch gibt es viele kurzweilige Wanderungen wie über den Kramerplateauweg oder zur **KOCHELBERGALM**, die Kindern gefallen.

Nach der Pause geht es weiter Richtung Vordergraseck. Nun treffen wir die nächste Entscheidung. Wandern wir von hier über die **EISERNE BRÜCKE** oberhalb der Klamm bis zum Ausgang der Schlucht zurück, oder wählen wir den längeren Weg und besuchen noch den **BERGGASTHOF ECKBAUER**. Mit der sonnigen,

IM SOMMER WIE IM WINTER

Das Besondere an der Partnachklamm ist, dass wir sie das ganze Jahr begehen können. Im Winter, wenn die Wände von Eiskristallen bedeckt sind, ist das eine Reise in das **MÄRCHENLAND DER EISKÖNIGIN**.

grandiosen Aussichtsterrasse und dem kleinen Kinderspielplatz ist die Wirtschaft hervorragend für eine Einkehr geeignet. Gratis dazu bekommt man die tolle Sicht auf das Estergebirge und das Wettersteinmassiv. Wer jetzt immer noch genug Power hat, kann über Wamberg bis Garmisch absteigen. Die Tour lässt sich aber auch durch die **ECKBAUER-SEILBAHN** stark verkürzen, mit der wir schnell ins Tal schweben. Nach der Wanderung gibt es vielleicht zur Belohnung noch ein Zuckerl. Direkt am Fuße der neuen Skisprungschanze gibt es eine **SOMMERRODELBAHN**. Bei trockenem Wetter kann man auf einer Länge von 650 Metern über zwei Kreisel den Hang hinunterflitzen.

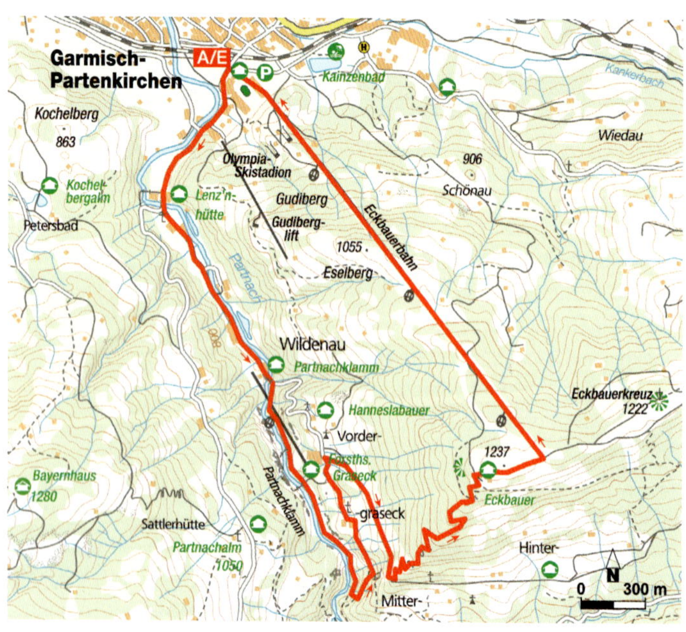

Wer seinen Winterurlaub in Oberbayern verbringt, findet in der Partnach-klamm einen spannenden Eiszapfenwanderweg.

AlpspiX

Nervenkitzel am Berg

Eine traumhafte Wanderung durch eine einzigartig hochalpine Berglandschaft. Die steilen, uns umgebenden Felswände verändern sich unermüdlich je nach Tageszeit und Lichteinfall. Der Weg ist für Kinder wie geschaffen und für zusätzlichen Nervenkitzel sorgt der AlpspiX.

Den Großteil des An- und Abstiegs ersparen wir uns und fahren bequem mit dem Liftticket »Garmisch Classic« die ALPSPITZBAHN hinauf, um am Ende der Tour mit der Kreuzeckbahn ins Tal zu schweben. Die beiden Talstationen liegen fast nebeneinander, so sind wir schnell wieder am Ausgangsort.

Mit der Gondel geht es also die 1283 Höhenmeter nach oben und schon stehen wir am Osterfelderkopf mit der AUSSICHTSPLATTFORM ALPSPIX. Schwindelerregend ragt dieser SKYWALK mit den beiden begehbaren Stahlarmen in X-Form über den Abgrund hinaus. Darunter 1000

Ausgangs-/Endpunkt: Garmisch-Partenkirchen, Alpspitzbahn
Anfahrt: **Auto:** über die A 95 nach Süden bis zum Autobahnende, weiter auf der B 2 nach Garmisch, dort der Beschilderung Richtung Kreuzeckbahn/Alpspitzbahn folgen. **Bahn/Bus:** mit dem Zug nach Garmisch-Partenkirchen, weiter zu Fuß oder mit den Bussen zur Kreuzeckbahn bzw. Alpspitzbahn
Gehzeit: 2 Std. überwiegend bergab
Ausrüstung: Wanderschuhe und Jacke, denn wir starten auf über 2000 m Meereshöhe
Tourencharakter: Mithilfe der beiden Garmischer Hausbahnen bewältigen wir den größten Teil des An- und Abstiegs; die Tour verläuft auf breitem Bergweg.
Öffnungszeiten: täglich 8.30–16.30 Uhr, im Sommer auch etwas länger, Fahrten mindestens jede halbe Stunde
Preise: Garmisch Classic Erwachsene 26 €, Kinder 6–18 Jahre in Begleitung der Eltern 4 €
Einkehr: unterwegs Almen und die Bergstationen
Information: Bayerische Zugspitzbahn, Olympiastraße 27, 82467 Garmisch-Partenkirchen, www.zugspitze.de

Die Landschaft unterhalb der Alpspitze im Wettersteingebirge ist ganz schön beeindruckend.

Meter Luft und dann jede Menge Fels – ein atemberaubender Anblick! Danach wird gewandert. Wir folgen einfach dem **GENUSS-ERLEBNIS-WEG** über den breiten Almweg bergab. Nicht nur Kinder haben Freude an den vielen Mitmachstationen entlang der Strecke. Kurz nach dem Felsdurchgang locken schon **SCHWINGENDE HOLZNESTER** zu einer längeren Rast mit Aussicht auf die imposanten Kletterwände der Schöngänge. Wir können Sagen lesen, durch ein Steinlabyrinth laufen, Bergdüfte erschnuppern oder den **SUMM-STEIN** erkunden.

So kommen wir gemütlich zur Bergstation der Kreuzeckbahn, wo unsere Wanderung durch die bequeme Talfahrt endet.

HEY KIDS,
wollt ihr noch mehr Adrenalin-Kick? In Partenkirchen gibt es einen spannenden **KLETTERWALD** am Fuße des Wanks.

…ußwanderpfad …Mittenwald

Zeigt her eure Füße

Ohne Strümpfe und Schuhe geht es heute auf dem 1,6 Kilometer langen Barfußpfad über den Hausberg Mittenwalds: den Kranzberg. Für die ganze Familie ein riesiger Spaß und für die Füße sehr wohltuend.

> **STADTBUMMEL**
> **MITTENWALD** muss man sich unbedingt genauer ansehen. Auch Kinder finden die Fußgängerzone mit den offenen Bächen toll.

Bequem und mit Schuhen geht es zunächst mit dem **KRANZBERG-SESSELLIFT** hinauf. Familien mit größeren Kindern bewältigen die Strecke in gut 45 Minuten auch zu Fuß. Oben angekommen wandern wir zum nahen Gasthaus St. Anton und stellen dort die Schuhe in das extra dafür vorgesehene hölzerne Regal.

Dann geht es auch schon los. Wir laufen entlang von 24 Erlebnisstationen

Ausgangs-/Endpunkt: Talstation Kranzberglift bei Mittenwald
Anfahrt: **Auto:** über die A 95 nach Süden bis zum Autobahnende und über Garmisch weiter nach Mittenwald, dort der Beschilderung zum Kranzberg folgen; gebührenpflichtige Parkplätze an der Talstation. **Bahn/Bus:** mit dem Zug nach Mittenwald, zusätzlich 30 Min. Fußweg
Gehzeit: 1 Std. mithilfe des Kranzbergliftes
Ausrüstung: Wanderschuhe, kleines Handtuch
Öffnungszeiten: Kranzbergbahn täglich 9–16.30 Uhr, im Spätherbst eine Woche wegen Revisionsarbeiten geschlossen
Preise: Der Barfußpfad ist kostenlos; Kranzbergbahn Berg- und Talfahrt Erwachsene 8 €, Kinder 4 €
Einkehr: Am Berg liegt der Berggasthof St. Anton mit kleinem Spielplatz; in Mittenwald selbst finden sich im Anschluss viele Möglichkeiten.
Information: Barfußweg am Kranzberg, Kranzberg Sessellift, Kranzbergstr. 24, 82481 Mittenwald, Tel. 08823/15 53, www.mittenwald.de

Im Wasserbecken werden alle Füße wieder sauber, bevor es hinunter ins Tal geht.

über den **BARFUSSWANDERWEG**: Es geht über Tannenzapfen, Kies, Moos, Rinde, Wackelbalken, Holzbohlen oder Felsen. Eine Herausforderung für Erwachsene stellt gleich zu Beginn das Durchwaten eines **SCHLAMMIGEN BERGSEES** dar. Die Kinder hingegen lieben es auf Anhieb. Unter den Füßen matscht und patscht es gewaltig und zwischen den Zehen quillt Schlamm hervor. Hinweistafeln informieren über Begebenheiten am Wegesrand, aber auch einige Barfuß-Geschicklichkeitsspiele regen zum Mitmachen an.

Mit herrlicher Aussicht auf das mächtige **KARWENDELMASSIV** wandern wir zu einem Panorama-Aussichtspunkt. Dann befreien wir uns an einem Kneippbecken vom Schlamm und wandern über Bergwiesen zurück zum Gasthaus. Jetzt kann man zu Fuß auf dem Wanderweg hinunter ins Tal steigen oder mit dem Lift abwärts fahren.

HEY KIDS,
auf dem Karwendel gegenüber gibt es ein **GROSSES FERNGLAS**, worin sich das **INFOZENTRUM DES NATURPARKS KARWENDEL** befindet.

Geisterklamm

nigolfen, Wandern oder Tretboot fahren

Ein einzigartiger Wasser-Wander-Weg führt gut gesichert über Brücken und Stege hoch über dem Wasser. Trotzdem sollte man schwindelfrei sein, denn unter uns liegt gut sichtbar durch den Gitterboden die tiefe Klamm. Adrenalin und Nervenkitzel pur!

MUSEUMSBESUCH
Mittenwald ist die bayerische Hochburg des Geigenbaus. Es gibt ein sehr interessantes GEIGENBAUMUSEUM hinter der Kirche.

Die **GEISTERKLAMM** bei Mittenwald hat sich seit ihrer Eröffnung zu einem Publikumsmagnet entwickelt. Am besten wandert man aus der Ortsmitte von Mittenwald nach Süden bis zur Isarbrücke, an der rechts der kleine Fluss **LEUTASCH** plätschert. Wir folgen der Leutasch zunächst noch ohne jede Steigung flussaufwärts bis zum ersten Teil der Klamm, dem Wasserfallsteig.
Gegen Eintritt können wir einen Abstecher in die Klamm selbst unterneh-

Ausgangs-/Endpunkt: Mittenwald, südliche Isarbrücke
Anfahrt: **Auto:** über die A 95 nach Süden bis zum Autobahnende und über Garmisch weiter nach Mittenwald, dort der Beschilderung zum Parkplatz P3 Schwarzenfeld unterhalb der Karwendelbahn folgen. **Bahn/Bus:** mit dem Zug nach Mittenwald
Gehzeit: 2 Std.
Ausrüstung: Wanderschuhe, Jacke; die Tour ist nicht kinderwagentauglich.
Öffnungszeiten: Geisterklamm täglich von März bis November; wenn kein Schnee liegt, ist der Weg auch im Winter begehbar, er wird aber nicht geräumt.
Preise: Die Geisterklamm ist kostenlos, Wasserfallsteig gegen Gebühr.
Einkehr: Am Ende des Weges liegt das Gasthaus Gletscherschliff mit schönem Blick auf das Karwendel, dort gibt es ein kleines Gehege mit einer Hasenschule; in Mittenwald dann viele Gasthäuser, Eisdielen und Cafés
Information: Tourist-Info Mittenwald, Dammkarstr. 3, 82481 Mittenwald, Tel. 08823/33981, www.leutascher-geisterklamm.at oder www.alpenwelt-karwendel.de

Oberhalb von Mittenwald gibt es einige wunderbare Bergseen wie den Lautersee.

men. Dunkel türmen sich die massiven Felswände hoch über uns auf. Der Weg endet an einem Wasserfall, die Klamm lässt sich nämlich hier nicht durchsteigen. So müssen wir ein kleines Stück auf demselben Weg zurück. Dann geht es den Berg hinauf zum neuen **LEUTASCHER KLAMMSTEIG**. Nun sind wir auf dem Koboldpfad in der Geisterklamm. Es wird spannend. Wir kommen zur Panoramabrücke

HEY KIDS,
ein anderer Ausflug führt von Mittenwald zum FERCHEN- und zum LAUTERSEE. In diesen herrlichen Bergseen kann man baden.

In der Mittenwalder Marktstraße locken viele Eisdielen zur Einkehr und detailreich bemalte Häuser zum Besichtigen.

und können auf dem drei Kilometer langen Klammgeistweg weitergehen. Hoch über der Klamm wandern wir auf Brücken und Stegen, immer das Wasser unter uns. Die Stege sind wie ein Balkon direkt in die Felswände eingelassen. Unterwegs liegen viele **KOBOLD- UND KLAMMGEISTER**-Stationen. Der bis ins österreichische Leutasch weiterführende Wanderweg ist gespickt mit Märchen und Sagen, Klangspielen und Wasserplätzen. So weit müssen wir jedoch gar nicht wandern. Wir können vorher über den Märchenwald zum Koboldpfad zurückgehen. Nun erfolgt der Abstieg über das **GASTHAUS GLETSCHERSCHLIFF** zurück nach Mittenwald.

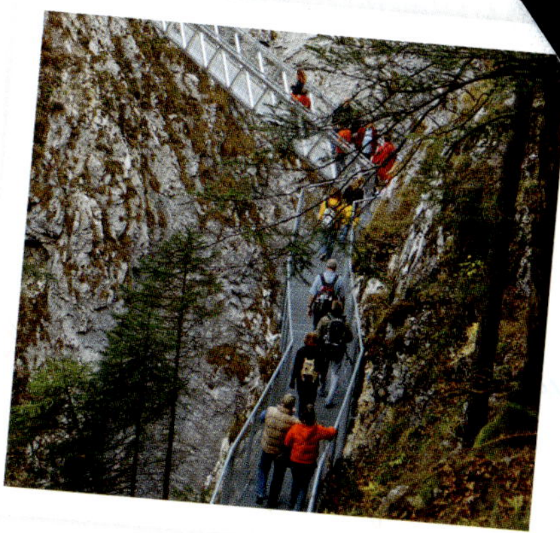

Für die Geisterklamm sollten wir etwas schwindelfrei sein. Achtung: Hunde haben mit dem Gitterboden Probleme.

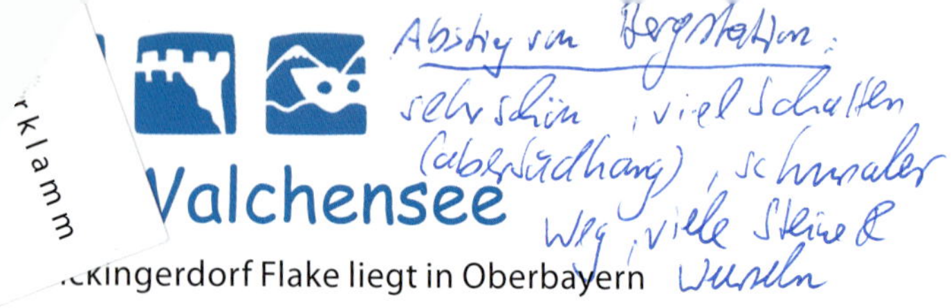

Walchensee

kingerdorf Flake liegt in Oberbayern

Der Walchensee liegt umgeben von Bergen zwischen dem Loisachtal und dem Werdenfelser Land. Ein wunderbares Naturidyll. Das gesamte Ostufer ist für Autofahrer gesperrt und entlang des Südufers führt nur eine kleine Mautstraße. Der ideale Platz zum Wandern, Bergsteigen oder Baden.

Die beliebtesten Bergtouren am Walchensee führen auf den **HERZOGSTAND**, auf den bequemerweise sogar eine Gondel fährt. Bis zum Gipfel ist es dann immer noch ein Aufstieg von 45 Minuten. Aber die Aussicht von dort oben ist einfach unvergleichbar schön. Kinder ab etwa 6 Jahren schaffen auch den Aufstieg auf den **JOCHBERG**, am besten vom Sattel an der Kesselbergstraße bei Urfeld aus.

> **LOHNENSWERTER ABSTECHER**
>
> Von der Mautstraße ist es nicht mehr weit in das Tal der **JACHENAU**. Ein idyllischer Ort, den man auch gesehen haben sollte.

Wunderbar zum Wandern ist auch das Südufer des Sees. Vom Ort Walchensee aus startet man zu einer Umrundung der **HALBINSEL ZWERGERN**. Eine Tour, die bestens auch für Kinderwägen und Laufräder geeignet ist. Zum Baden ist es ebenfalls am Südufer am schönsten, wobei das

Ausgangs-/Endpunkt: Walchensee
Anfahrt: **Auto:** über die A 95 bis Ausfahrt Murnau/Kochel, weiter über Kochel, dort rechts auf die B 11 und über die Kesselbergstraße hinauf zum Walchensee.
Bahn/Bus: mit dem Zug bis Kochel, weiter mit Bussen
Öffnungszeiten: Flake Mitte April bis Ende Oktober täglich
Preise: Flake kostenfrei
Einkehr: Am Westufer des Walchensees gibt es einige Einkehrmöglichkeiten; besonders nett sitzt man am Strandcafé Bucherer in Walchensee Ort.
Information: Tourist-Info Kochel-Walchensee, Ringstr. 1, 82432 Walchensee, Tel. 08858/411, www.walchensee.de

Wer hat Lust, das Wickingerdorf Flake zu erobern?

Wasser des Walchensees grundsätzlich eher kühl ist. Um ans Südufer zu gelangen, muss man zwar die Mautgebühr von 4 € berappen, aber dort liegen entlang der vielen Parkbuchten die schönsten Badestellen. Überdies ist der Walchensee auch sehr bei **WASSERSPORTLERN** beliebt. Windsurfer, Kite-Surfer und Taucher sieht man überall.

Für Kinder ist ein Besuch im **WIKINGERDORF FLAKE** ein tolles Erlebnis. Es liegt direkt neben der Badewiese im Ort Walchensee. Hier war Drehort für den Kinofilm **WICKIE UND DIE STARKEN MÄNNER** von Bully Herbig. Der Besuch des Film-Dorfes ist kostenfrei.

HEY KIDS,
es gibt mehrere Anbieter, bei denen man sich ein **BOOT LEIHEN** kann. Zum Beispiel bei Familie Edlinger, Tel.08858/422 oder am Gasthaus Edeltraut, Tel. 08858/262.

39 Kochelsee und Umgebung

Wasserkraftwerk, Freilichtmuseum und Schifffahrt

Rund um den Kochelsee überschlagen sich die touristischen Highlights: Walchenseekraftwerk, Franz Marc Museum, Kochelseeschifffahrt, wilder Felsenweg, Kristall-Therme, Loisachmoor, Lainbach-Wasserfälle und das nahe gelegene Freilichtmuseum Glentleiten. Was will man mehr?

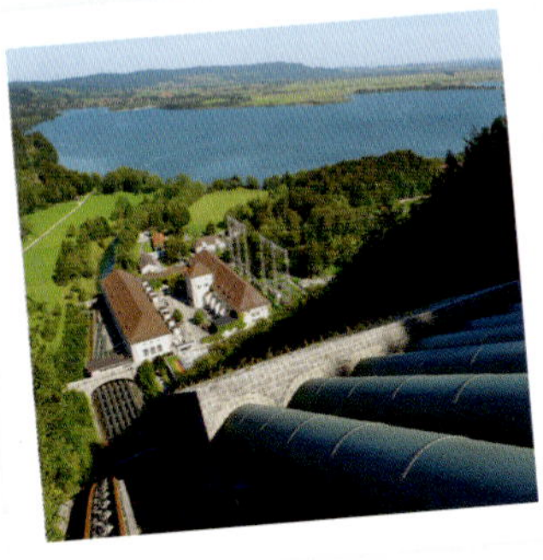

Am Tag des offenen Denkmals darf man zum Wasserschloss auffahren.

Der Kochelsee ist wegen seiner relativ kühlen Wassertemperaturen gar nicht so optimal als Badesee geeignet. Trotzdem gibt es viele Stellen, an denen man ins Wasser hüpfen kann. Neben dem **KOCHELSEE** gibt es die Kristall-Therme, ehemals Trimini genannt. Nach Umbauarbeiten soll sie 2016 mit einem großen Wellnessbereich wieder eröffnen.

Wer auf Kochel zufährt, bemerkt schon von Weitem die großen Fallrohre des **WALCHENSEEKRAFTWERKS**. Dieses liegt am Fuße der Kesselbergstraße im Ortsteil Altjoch. Eine Besichtigung

Ausgangs-/Endpunkt: Kochel am See
Anfahrt: **Auto:** über die A 95 bis Ausfahrt Murnau/Kochel, weiter über Großweil nach Kochel. **Bahn/Bus:** mit dem Zug bis Kochel, weiter mit Bussen
Öffnungszeiten: Walchenseekraftwerk täglich 9–17 Uhr, im Winter kürzer; Franz Marc Museum Di bis So 10–18 Uhr, im Winter bis 17 Uhr; Glentleiten vom 19. März bis 11. November täglich 9–18 Uhr, Mo Ruhetag, außer Juni bis September
Preise: Walchenseekraftwerk kostenfrei; Franz Marc Museum Erwachsene 8,50 €, Kinder 7–16 Jahre 3,50 €; Glentleiten Erwachsene 7 €, Kinder 6–15 Jahre 2 €
Einkehr: mehrere Möglichkeiten in Kochel
Information: Tourist-Info Kochel, Bahnhofstr. 23, 82431 Kochel, Tel. 08851/338, www.kochel.de

des Erlebniskraftwerks samt der historischen, aber immer noch funktionierenden **MASCHINENHALLE** sollte man sich nicht entgehen lassen. Im Info-Zentrum werden die Wasserkraftnutzung und die Geschichte des

Auch ganz kleine Leute können sich an große Kunst wagen.

Kraftwerks sehr anschaulich dargestellt. Kunsthistorischer Natur, aber dennoch für Kinder geeignet, ist das **FRANZ MARC MUSEUM**. Kochel war die Heimat des expressionistischen Malers Franz Marc, der neben Wassily Kandinsky (siehe Tipp 31) Mitbegründer der Künstlergruppe »Der Blaue Reiter« war. Für Kinder gibt es an der Kasse einen kostenlosen **KINDER-AUDIO-GUIDE**. Unter dem Motto »Ein Spaziergang mit Franz Marc« sausen die Kinder nach Anweisung aus dem Hörer in die verschiedenen Stockwerke des Museums. Dort suchen sie ein bestimmtes Bild und hören sich dazu eine spannende Geschichte an. Es gibt aber auch jeden Sonntag von 13 bis 17 Uhr das offene Atelier, eine **KINDERWERKSTATT.** Dort wird zu den verschiedensten Themen gemalt, gebastelt oder geklebt.

Die Turbinen in der alten Maschinenhalle erzeugen immer noch jede Menge Strom.

Daneben ist Kochel auch für seine tollen Wandermöglichkeiten bekannt. Eine Tour entlang des **VOGELLEHRPFADES** zu den **LAINBACH-WASSERFÄLLEN** ist sicherlich ein absolutes Highlight. Sehr spannend und etwas für größere Kinder ist der Felsenweg, der vom Wasserkraftwerk bei Altjoch nach Schlehdorf führt. Zurück fährt man dann mit dem kleinen **MOTORBOOT DER KOCHELSEESCHIFFFAHRT**.

KÜCHE UND KIRCHE

Ein sehr familienfreundliches Gasthaus ist der Fischerwirt in **SCHLEHDORF**. Dahinter liegt gleich die große Klosterkirche St. Tertulin, in die man zumindest einen Blick werfen sollte.

Für einen Besuch des nahen **FREILICHTMUSEUMS GLENTLEITEN** sollte man mindestens einen halben Tag einplanen. Es liegt auf den Anhöhen oberhalb der Gemeinde Großweil. Das Gelände ist wirklich riesig und es gibt unglaublich viel zu entdecken: Bauernhäuser, Kleinsthöfe, Mühlen, Sägewerke, Almen, aber auch einen Kalkofen und vieles mehr. Die denkmalgeschützten oberbayerischen Gebäude wurden an ihren alten Standorten abgetragen. Auf der Glentleiten fanden sie ein neues Zuhause und wurden sorgfältig und möglichst original, d. h. wenig renoviert, wiederaufgebaut. Begleitet von gurrenden Tauben und grunzenden Schweinen begegnet man vielen **HEIMISCHEN TIEREN**. Da schwimmen Karpfen unter Enten und Gänsen im Weiher, Forellen gibt es am Mühlbach, Schafe und Ziegen werden hinter kunstvoll geflochtenen Weidezäunen gehalten und auf der steilen Almwiese lassen sich Kälber das frische Gras schmecken.

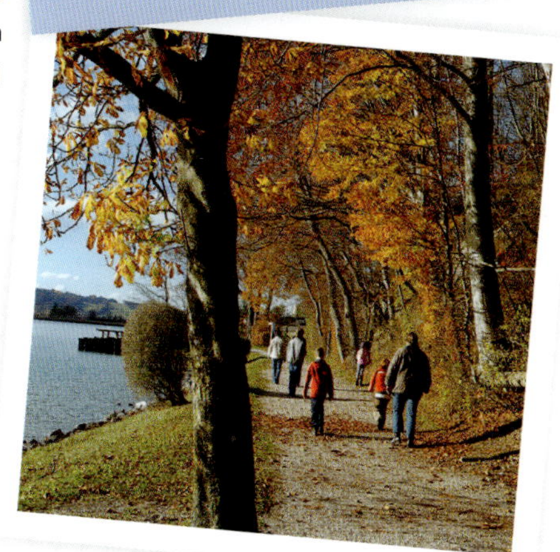

Durch Kochel führen viele wunderbare Spazierwege.

gebung

diktbeuern

…wege, Klöster und Kräuter

Stolz wirkt das Kloster Benediktbeuern, das seine zwei Zwiebeltürme gegen den mächtigen Bergrücken der Benediktenwand reckt. Kunsthistorisch ist es ein wahres Kleinod und eine Klosterführung zum Alten und Neuen Festsaal ist für Erwachsene sehr interessant. Kinder dagegen locken die Moorlehrpfade zu einem Ausflug in die Natur.

> **KRÄUTER-ERLEBNIS-PARK**
> Der nahe Ort BAD HEILBRUNN steht ganz im Zeichen von Heilkräutern. Dort gibt es einen wirklich riesigen Kräuterpark! Mit einem Spielplatz, Teich, Wasserlauf, Hexenkreis und Waldmännchen finden ihn auch Kinder toll.

Auch wenn man es nicht schafft, die Kinder zu einer Klosterführung zu überreden, sollte man **BENEDIKTBEUERN** unbedingt besuchen. Allein der Außenbereich des Klosters hat viel zu bieten. Die Gärten mit Kräuterschnecke, das große **MEDITATIONSLABYRINTH**, der neu renovierte Meierhof, in dem das Zentrum für Umwelt und Kultur liegt, die Fraunhofer Glaswerkstätten und das Trachteninformationszentrum lassen die Zeit rasch vergehen.

Ausgangs-/Endpunkt: Kloster Benediktbeuern
Anfahrt: **Auto:** über die A 95 bis Ausfahrt Penzberg/Iffeldorf, weiter Richtung Bad Tölz bis Benediktbeuern; großer Parkplatz am Kloster. **Bahn/Bus:** mit dem Zug bis Benediktbeuern
Preise: Kostenloser Zugang, die Veranstaltungen im ZUK kosten unterschiedlich.
Einkehr: Klosterbräustüberl Benediktbeuern mit Biergarten; unweit vom Bahnhof liegt ein wenig versteckt, aber besonders romantisch und idyllisch Otti´s Eisgarten, Ignatz-Günther-Str. 2, unser Geheimtipp.
Information: Kloster Benediktbeuern, Don-Bosco-Str. 1, 83671 Benediktbeuern, Tel. 08857/880; Zentrum für Umwelt und Kultur ZUK, Meierhof, Tel. 08857/887 77, www.benediktbeuern.de, www.zuk-bb.de

Wer einen bisschen längeren Spaziergang auf dem Moor-Rundweg in Kauf nimmt, erreicht kurz vor der Loisach noch einen spannenden Bohlenweg mit vielen lustigen Elementen.

Ganz toll finden alle Kinder die **NATURBIOTOPE UND ERLEBNISLEHRPFADE**, die am großen Parkplatz beginnen. Barfußpfad, Klangpfad und den Gehölzpfad erreicht man mit einer kleinen Wanderung. Links und rechts des Weges liegen Feuchtbiotope. Hier tummelt sich alles, was im Moor Rang und Namen hat. Frösche sind selbstverständlich, aber es gibt auch jede Menge Krabbelgetier, Schlangen, Echsen, Schmetterlinge, Vögel, Fledermäuse und Insekten, für die man sogar Insektenhotels errichtet hat. So nah kommen wir den Tieren selten. Das Ganze ist besonders interessant in Verbindung mit einer **VERANSTALTUNG IM ZUK**. Kinder ab 8 Jahren haben großen Spaß bei einer **FLEDERMAUSNACHTWANDERUNG** oder bei der Vogelstimmenjagd. Termine unbedingt vorab im Internet recherchieren und sich dafür anmelden.

HEY KIDS,
Benediktbeuern hat ein wunderschönes großes **ALPENWARMBAD**, das in den Sommermonaten heiß begehrt ist und für Abkühlung sorgt.

lomberg

ergtour mit Sommerrodelbahn

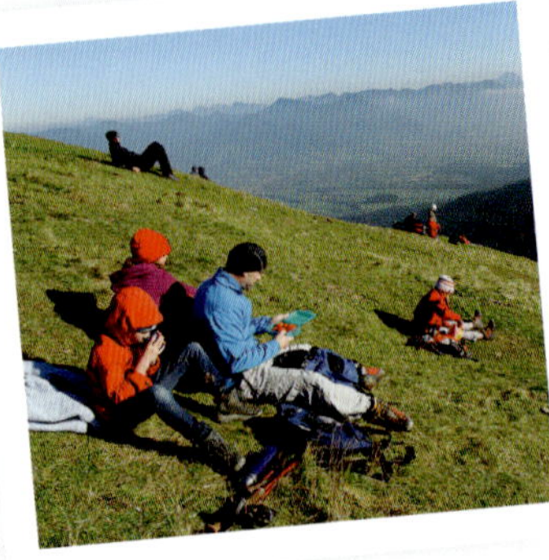

An schönen Herbsttagen sind die südlichen Hänge des Zwiesel von Wanderern belagert.

Der Blomberg gehört zu den ersten Berggipfeln auf dem Weg in die Alpen. Ein perfekter Einsteiger-Berg für Familien. Es gibt den Sessellift, der bequem zur Bergstation führt, sowie eine schöne Aussicht. Eine große Berggaststätte mit sonniger Terrasse lockt zur Einkehr und für die geschaffte Wanderung belohnt am Ende der Tour die rasante Abfahrt mit der Sommerrodelbahn.

Zum **BLOMBERG** gehören auch die beiden Gipfel Zwiesel und Heiglkopf. Sie zählen zu den beliebten Münch-

Ausgangs-/Endpunkt: Blombergbahn bei Bad Tölz
Anfahrt: **Auto:** Über die A 95 bis Ausfahrt Penzberg/Iffeldorf, weiter Richtung Bad Tölz; der Blomberg liegt direkt an der Straße kurz vor Tölz. **Bahn/Bus:** mit dem Zug bis Bad Tölz, weiter mit dem Bus
Gehzeit: 1 Std. 45 Min. Aufstieg ab Talstation
Höhenmeter: 550 m
Ausrüstung: Wanderschuhe
Öffnungszeiten: Sessellift täglich 9–17 Uhr, Sommerrodelbahn nur bei trockenem Wetter
Preise: Sommerrodelbahn bis Mittelstation inklusive Rutschen Erwachsene 5 €, Kinder 8–13 Jahre 4 €, nur Rutschen Erwachsene und Kinder 3,50 €, Kinder unter 6 Jahren fahren gratis; viele Kombinationsmöglichkeiten, 3er- oder 6er-Karten; Blomberg-Blitz Einzelfahrt Erwachsene 5 €, Kinder ab 8 Jahren 4 €
Einkehr: Berggasthof Blomberghaus, etwa 10 Min. von der Bergstation entfernt, mit großer Sonnenterrasse und bayerischer Küche
Information: Blombergbahn, 83646 Bad Tölz, Tel.08041/37 26, www.blombergbahn.de

Die Aussicht reicht weit bis ins Karwendel hinein.

ner Vorbergen, die Wege sind überall gut angelegt, nicht gefährlich und sehr sicher. Der Vorteil des Sesselliftes liegt auf der Hand. Je nach Kondition der Kinder kann man sich ganz hinauffahren lassen und einen der drei Gipfel erklimmen. Man kann aber auch direkt über den **KUNSTWANDERWEG** zum Blomberghaus und dort weiter

HEY KIDS,
in der hübschen **FLÖSSERSTADT BAD TÖLZ** gibt es die Marktstraße mit Eisdielen. Außerdem könnt ihr dort an das Isarufer und am Wasser spielen.

zur Mittelstation absteigen. Konditionsstarke Wanderer können das alles zu Fuß gehen.

Als Zuckerl für die fleißigen Bergsteiger winkt von der Mittelstation die 1226 Meter lange Abfahrt mit der **SOMMERRODELBAHN**. Dabei geht es fast 220 Höhenmeter ins Tal. Wer vor den Kurven nicht abbremst, kann durch die Zentrifugalkraft aus der Eternitbahn gehoben werden. Deshalb ist alleine rodeln erst ab 8 Jahren erlaubt!

FÜR KLETTERFREUNDE
Oben auf dem Blomberg gibt es auch einen tollen, spannenden **HOCHSEILGARTEN**.

Ganz neu ist der **BLOMBERGBLITZ**, eine ganzjährige Sommerrodelbahn. Die Bobbahn schlängelt sich über Steilkurven und Jumps am Hang neben der Talstation hinunter. Der bis zu 40 km/h schnelle Schlitten läuft fest verankert auf Schienen. Neben der Talstation gibt es noch einen Spielplatz, Bungeetrampolin und **ACTION-SPIELE**.

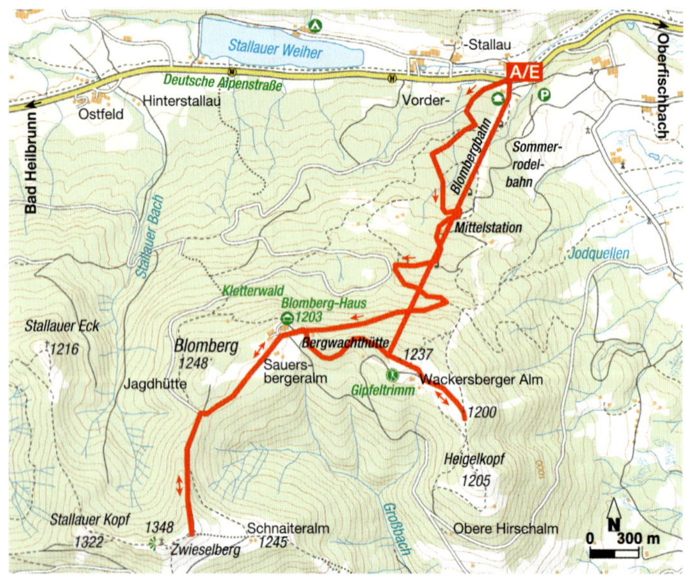

Und als Belohnung winkt am Ende der Bergtour die rasante Abfahrt mit der Sommerrodelbahn.

42 Lenggries und sein Brauneck

Freizeiteldorado am Lenggrieser Hausberg

Das Brauneck ist der Hausberg von Lenggries – im Winter ein gut erschlossenes Skigebiet, im Sommer ein aussichtsreiches Wandergebiet mit vielen Almen. Zusätzlich gibt es am Fuße des Berges jede Menge Freizeitattraktionen wie Jaudenhangflitzer, Falkenhof, Hochseilgarten oder Bullcarts.

Die Bullcarts sind ein rasanter **DOWNHILL-SPASS** auf Dreirädern. Komfortabel wird man mit dem Schlepplift auf seinem Trike nach oben gezogen und dann saust man über die Skipiste hinab. Kinder ab 8 Jahren dürfen alleine fahren, es gibt aber auch Zweisitzer. Eine Riesengaudi für große und kleine Rennfahrer.
Ruhiger geht es daneben beim **VOGELJAKOB** am Lenggrieser Falkenhof zu. Der Falkner Paul Klima präsentiert zweimal täglich eine tolle Greifvogelflugshow. Mit von der Partie sind die Schneeeule Hedwig, der Gänsegeier Felix und viele andere Raubvögel. Diese fliegenden Stars werden auch für Film und Fernsehen ausgebildet.

Ausgangs-/Endpunkt: Talstation Brauneck-Bergbahn bei Lenggries
Anfahrt: **Auto:** über die A 95 bis Ausfahrt Penzberg/Iffeldorf, weiter Richtung Bad Tölz, dann nach Süden bis Lenggries. **Bahn/Bus:** mit dem Zug bis Lenggries, kurzer Fußweg
Öffnungszeiten: Falkenhof Lenggries von Karfreitag bis Mitte Oktober außer Di und Mi 11 Uhr und 15 Uhr Vogelflugschau; Bullcarts bei trockenem Wetter 1. Mai bis Mitte Oktober Sa, So und Feiertage 12–18 Uhr, in den bayerischen Sommerferien täglich außer Mo und Di 13–18 Uhr; Jaudenhangflitzer von Mai bis Oktober
Preise: Falkenhof Lenggries Erwachsene 7 €, Kinder ab 6 Jahren 4,50 €; Bullcarts Einzelfahrt 4 €, 10er-Karte 29 €; Jaudenhangflitzer Erwachsene 5 €, Kinder 3 €, Kids von 4–7 Jahren fahren in Begleitung eines Erwachsenen gratis.
Einkehr: Die Alte Mulistation neben der Brauneck-Bergbahn ist bestens für Familien mit Kindern geeignet.
Information: Tourist-Info Lenggries, Rathausplatz 2, 83646 Lenggries, Tel. 08042/500 88 00, www.lenggries.de, www.vogeljakob.de, www.bullcarts.de, www.hochseilgarten-isarwinkel.de, www.jaudenhangflitzer.de

Den Greifvögeln des Falkenhofs kommen wir ganz nahe.

Etwas oberhalb davon liegt der **HOCHSEILGARTEN ISARWINKEL**, der für Kinder ab 1,30 m Körpergröße geeignet ist. Dort klettert man nicht zwischen Bäumen, sondern auf einem freistehenden Parcours zwischen riesigen Holzstelen. Nervenflattern und Adrenalinkick sind dabei garantiert.

Etwas südlich der Brauneckbahn im Ortsteil Wegscheid gibt es noch einige weitere Kinderhighlights, die auch für

HEY KIDS,
für eine richtige Bergtour könnt ihr südlich von Lenggries auf die **HOCHALM** steigen. **WASSERFÄLLE UND GUMPEN** warten beim Abstieg auf euch!

Ohne jede Anstrengung werden wir am Jaudenhangflitzer auch bergauf befördert.

jüngere Kids geeignet sind. Der **JAUDENHANGFLITZER** ist eine fest auf Schienen verankerte Sommerrodelbahn. Hier dürfen Kinder schon ab 4 Jahren in Begleitung eines Erwachsenen rodeln, ab 8 Jahren darf man alleine fahren. Daneben am Jaudenstadl kann man toll einkehren, während sich die Kinder im Kinderland der Villa Lustig am großen Spielplatz austoben.

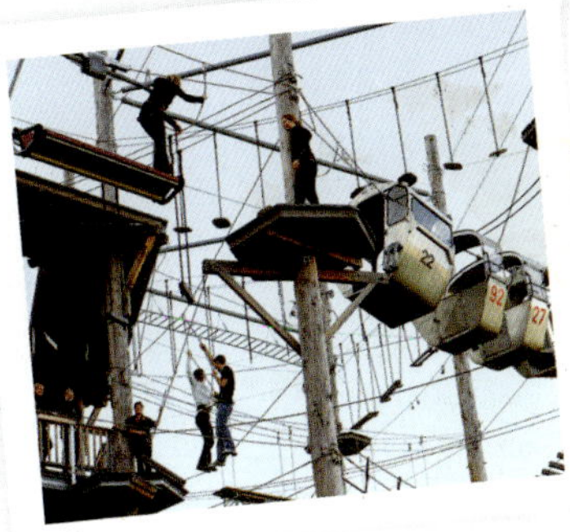

Für den Adrenalinkick sorgt dann noch der Hochseilgarten.

Oben: Die Bullcarts muss man einmal getestet haben – aber Achtung: Suchtgefahr!

Außerdem gibt es bei Lenggries einen tollen **3-D-BOGENSCHÜTZENPARCOURS**, den erfahrenere Schützen alleine begehen können, es gibt aber auch Schnupperkurse. Und natürlich eignen sich die Berge bei Lenggries auch hervorragend zum Wandern und Bergsteigen, egal welches Alter die Kids haben. Sogar mit dem Kinderwagen kann man auf das **BRAUNECK** hinauffahren und dort auf den Gipfelrundweg starten. Mit traumhafter Aussicht besucht man dabei viele Almen, wie die Tölzer Hütte. Ebenfalls mit Kinderwagen ist die **REISERALM** ab der Talstation der Brauneckbahn in gut einer Stunde zu erreichen. Dort winken ein Trampolin und ein Rotwildgehege zur Belohnung. Kurz ist auch der Aufstieg zur **DENKALM**, die ebenfalls in etwa einer Stunde zu erreichen ist und auf der Dorfseite von Lenggries über dem Ort liegt.

Ein weiteres Highlight ist die Isar. Ob man den Fluss direkt bei Lenggries besucht oder weiter südlich im Tal den **SYLVENSTEINSPEICHERSEE** – die Gegend ist hervorragend für Naturerkundungen geeignet. Kinder lieben es, im Flussbett mit den Steinen Dämme zu bauen oder im Wasser zu planschen.

43 Märchenwald Wolfratshausen

Es war einmal …

Den Märchenwald von Wolfratshausen gibt es bereits seit 1968, aber er hat sich all die Jahre immer wieder gewandelt und modernisiert. Er liegt in einem vier Hektar großen Waldgelände. Selbst im Hochsommer ist es hier angenehm schattig. Alle Märchen und diverse Fahrgeschäfte sind bis auf wenige Kleinigkeiten im Eintrittspreis enthalten.

Knupser, Knusper Knäuschen … wer knuspert an meinem Häusschen?

Der **MÄRCHENWALD** ist ein tolles Ausflugsziel für die ganze Familie. Gleich nach dem Eingang lockt der erste Spielplatz. Schaukeln, Rutschen, ein Traktor und ein großer Drache fordern ihre

Ausgangs-/Endpunkt: Freizeitpark Märchenwald
Anfahrt: **Auto:** über die A 95 bis Ausfahrt Wolfratshausen, weiter nach Wolfratshausen in den Ortsteil Farchet; Parkmöglichkeiten am Isar-Loisach-Stadion oder am Wochenende auf dem Gelände der Firma Eagle Burgmann. **Bahn/Bus:** mit der S 7 von München nach Wolfratshausen und weiter mit dem Bus oder zu Fuß
Öffnungszeiten: Mitte April bis Mitte Oktober 9–18 Uhr, Einlass bis 16 Uhr; bei Dauerregen ist der Park geschlossen; Hunde sind nicht erlaubt.
Preise: Erwachsene 13 €, Kinder über 85 cm Körpergröße 12 €
Einkehr: Kiosk am Märchenwald
Information: Freizeitpark Märchenwald, Kräuterstraße 39, 82515 Wolfratshausen, Tel. 08171/385 58 38, www.maerchenwald-isartal.de

Zeit. Danach gibt es die ersten Fahrgeschäfte. Eine gemütliche Hase-und-Igel-Bahn zieht ihre Kreise. Daneben bietet die Minieisenbahn eine kleine Rundfahrt durch den Park. Dabei erleben wir im Bahntunnel das erste Märchen: **ALI BABA UND DIE VIERZIG RÄUBER**. Anmutig kreist die Bauchtänzerin mit ihren Hüften, während die Räuber ihre Säbel schwin-

Und natürlich gibt es jede Menge Spiel- und Tobemöglichkeiten im Park.

gen und Ali Baba sich in der Tonne versteckt. Kaum sind wir wieder am Bahnsteig, locken die nächsten Attraktionen. Die Kinder lieben die diversen Fahrgeschäfte wie Blütenwirbel, Wildsau-Reitbahn, Elektrobahnen oder die **OACHKATZLBAHN**. Diese wohl wildeste Attraktion ist nur für größere Kinder geeignet.

Aber natürlich gibt es in diesem Freizeitpark auch Märchen. Der Rundweg führt an zahlreichen Märchenhäusern vorbei. Geschichten wie Rotkäppchen, Hänsel und Gretel, das tapfere Schneiderlein, die **BREMER STADTMUSIKANTEN** oder Dornröschen sind mit beweglichen Puppen dargestellt.

44 BergTierPark Blindham

Tiere und Spielspaß

Der kleine BergTierPark Blindham liegt am Fuße eines Hügels. Viele heimische Tiere kann man hier bei einem Rundgang besuchen. Außerdem locken ein Abenteuerspielplatz, das Streichelgehege, der Holzbohlenweg, die Spieltenne oder Grillplätze.

Im Streichelgehege erwarten uns freche Ziegen.

Im **WILDPARK** leben seltene Haustierrassen wie das Braune Bergschaf, das Schwäbisch-Hällische Landschwein, die **PINZGAUER KUH** oder die Walliser Schwarzhalsziege, genauso wie Streifenhörnchen, Esel, Rotwild, Hirsche, Mufflons und Wildschweine. Am Wald liegen **GRILLPLÄTZE**, nur das Grillgut müssen wir selbst mitbringen. Ein **HOLZBOHLENWEG** ermöglicht den direkten Zugang zu einem Moor. Nach dem Rundgang kann man sich zum ge-

Ausgangs-/Endpunkt: BergTierPark Blindham
Anfahrt: **Auto:** über die A 8 bis Ausfahrt Hofoldinger Forst, weiter Richtung Aying und vor Aying rechts auf die St 2078 Richtung Rosenheim, dann abbiegen nach Blindham
Öffnungszeiten: täglich im Winter 10–18 Uhr, im Sommer 9–20 Uhr
Preise: Erwachsene 5 €, Kinder bis 12 Jahre 4 €
Einkehr: Park-Café im BergTierPark
Information: BergTierPark Blindham, Blindham 3, 85653 Aying, Tel. 08063/20 76 38, www.bergtierpark.de

Wild geht es auf dem Spielplatz zu – da darf einem schon mal schwindelig werden!

führten **PONYREITEN** anstellen oder die Kids erobern den Abenteuerspielplatz. Während sie an Schaukeln, Schwingseilen, Drehscheiben, Bungeetrampolin toben, gönnen sich die Eltern eine Einkehr im Park-Café. Bei schlechtem Wetter gibt es einen **SPIELSTADEL** im dazugehörigen Bauernhof mit jeder Menge Indoor-Spielmöglichkeiten.

45 Der Tegernsee

Lago di Bonzo

Der Tegernsee ist einer der bekanntesten oberbayerischen Seen und leider auch einer der teuersten. Hier leben viele Prominente. Kein Wunder, liegt der See doch malerisch von Bergen umrahmt und ist trotzdem gut erreichbar. So viel landschaftliche Schönheit hat nun mal ihren Preis, aber ein Besuch lohnt sich immer – auch ohne großen Geldbeutel.

Gmund, Bad Wiessee, Rottach-Egern und Tegernsee sind die großen Orte, die rund um den Tegernsee liegen. In allen gibt es Strandbäder, aber auch Abschnitte, an denen man baden kann. Besonders schön ist dabei der **GRÜNE HÜGEL POINT** in der Nähe des Klosters **TEGERNSEE**. Dort kann man hervorragend schwimmen und die Aussicht hinüber nach Rottach genießen. Außerdem verbindet ein kleines Fähr-**RUDERBOOT** im Sommer die beiden Orte miteinander. Aber natürlich gibt es auch größere Motorboote, sodass wir den ganzen See vom Wasser aus erkunden können. Die Gegend ist ein beliebtes Wanderrevier. Der **WALLBERG** lässt sich gut mit dem Lift errei-

INTERESSANTES UND LEHRREICHES

Sehr interessant ist eine Führung in der **NATURKÄSEREI TEGERNSEER LAND** in Kreuth, jeden Montag um 13 Uhr, Donnerstag um 10 Uhr und Samstag um 11 Uhr. Lohnenswert ist auch ein Besuch im **KUTSCHEN- UND SCHLITTENMUSEUM** in Rottach.

Ausgangs-/Endpunkt: Tegernsee
Anfahrt: **Auto:** über die A 8 bis Ausfahrt Holzkirchen, weiter nach Süden an den Tegernsee. **Bahn/Bus:** Mit dem Zug sind die Orte Gmund und Tegernsee erreichbar, ansonsten weiter mit Bussen.
Einkehr: jede Menge Möglichkeiten rund um den See
Information: Tegernseer Tal Tourismus, Hauptstr. 2, 83684 Tegernsee, Tel. 08022/92 73 80, www.tegernsee.com

Lust auf eine Ruder- oder Elektrobootstour? An der Bootsanlegestelle in Bad Wiessee können wir diese mieten.

chen, aber auch eine Tour hinauf zur Neureuth oder zur Riedersteinkapelle am Ostufer ist nicht zu anstrengend. Toll sind auch die Wanderungen von Bad Wiessee entlang des Söllbaches zur Schwarztennalm oder höher hinauf, am Zeiselbach entlang zur Aueralm. Außerdem liegt südlich von Bad Wiessee der **AQUADOME IN ABWINKL**, ein großes Wildwasserbecken mit heimischen Fischen.

Zum Tegernsee-Gebiet gehört auch die Gemeinde Kreuth. Eine Tour hinauf zur **KÖNIGSALM** ist für viele Kids sehr reizvoll. Und Kutschenfahrten verlocken zu Ferienspaß. Ganz nahe liegt auf einer Fahrt über Gmund und die Schlierseestraße der Ortsteil Ostin mit seinem **OEDBERGLIFT**. Hier gibt es eine tolle **SOMMERRODELBAHN**.

HEY KIDS,
das ganze Jahr über ist am Tegernsee **VIEL LOS**: Mongolfiade, Seefeste, Almkirtas, Rosstage, Leonhardifahrt etc. Da ist bestimmt etwas für euch dabei!

46 Schliersbergalm

Hoch über dem Schliersee

Zur Schliersbergalm führen mehrere Wege: Neben den vielen Wandermöglichkeiten gibt es auch eine bequeme Auffahrt mit der Seilbahn. Aber es wird ein Leichtes sein, die Kinder zum Wandern zu überreden, denn es lockt die tolle Alm mit großem Spielplatz sowie die Sommerrodelbahn!

Herrlich sonnig sitzen wir auf der Schliersbergalm.

Schnell ist man zu Fuß über einen aussichtsreichen Weg oben an der SCHLIERSBERGALM. Das funktioniert sogar mit einem etwas geländetauglichen Kinderwagen. So bleibt an der Alm viel Zeit zum Einkehren und für die große Freizeitsause.

Neben der Sonnenterasse liegt ein Waldspielplatz und gegen Gebühr

Ausgangs-/Endpunkt: Schliersee Ort
Anfahrt: **Auto:** über die A 8 bis Ausfahrt Weyarn, weiter über Miesbach zum Schliersee, Parken an der Bahn oder am Bahnhof. **Bahn/Bus:** mit dem Zug an den Schliersee, Haltestelle Schliersee Ort
Gehzeit: 1 Std. Aufstieg ab Talstation
Höhenmeter: 300 m
Ausrüstung: Wanderschuhe, im Sommer Badesachen
Öffnungszeiten: Schliersbergbahn 8.30–22 Uhr, im Winter nur bis 18 Uhr; Sommerrodelbahn nur bei trockener Witterung
Preise: Einzelfahrt Lift oder Sommerrodelbahn Erwachsene 5 €, Kinder 2–7 Jahre 3 €, Jugendliche 8–14 Jahre 4 €, im Kombi günstiger; Schwimmbad 3 €, Trampolin 1 €, Alpenroller 2 €
Einkehr: Schliersbergalm
Information: Schliersbergalm, 83727 Schliersee; Tel. 08026/67 23, www.schliersbergalm.de

Nach der Wanderung lockt eine Abkühlung im Schliersee.

kann man das Panorama-Freibad besuchen, aufs Trampolin springen oder den **ALPENROLLER** ausprobieren. Letzterer ist eine fest verankerte Sommerrodelbahn, die uns ohne auszusteigen, gleich nach der Abfahrt wieder hinaufbefördert. Wilder und deutlich länger ist die große Sommerrodelbahn, die in vielen Kurven von ganz oben ins Tal führt. Deshalb dürfen Kinder unter 8 Jahren nur in Begleitung eines Erwachsenen rodeln.

HEY KIDS,
baden kann man übrigens auch im SCHLIERSEE. Er erwärmt sich für einen Bergsee recht rasch. Aber es gibt auch das tolle Schwimmbad MARE E MONTE.

47 Markus Wasmeier Museum

Altes Leben im nachgebauten altbayerischen Dorf

Wie auf einer Zeitreise katapultieren wir uns in ein altbayerisches Dorf, wie es vor 100 Jahren wohl viele gegeben hat. Restaurierte Bauernhöfe, Ställe und Nebengebäude stehen dem Besucher offen. Es gibt jede Menge Tiere und oft wird altes Handwerk vorgeführt.

Markus Wasmeier erfreut sich mit einem jungen Besucher an der Kräutervielfalt im Bauerngarten des Museums.

Bei diesem Ausflug wandeln wir durch ein TYPISCHES DORF aus dem oberländischen Alpenraum mit Dorfweiher, Mühle, Bauernhäusern, Schreinerei, Brennerei, Schmiede, Gärten und einer Wirtschaft. Das Besondere daran ist, dass die Höfe bewirtschaftet werden und Mitarbeiter Leben in die Häuser einziehen lassen. Es gibt viele Tiere wie Gänse, Hühner, Geflügel, Schweine, Esel, Schafe und Grauviecher. An bestimmten Wochentagen wird BROT GEBACKEN, Milch zu Butter verarbeitet,

Ausgangs-/Endpunkt: Markus Wasmeier Museum
Anfahrt: **Auto:** über die A 8 bis Ausfahrt Weyarn, dann weiter auf der B 307 über Miesbach und Hausham bis zum Schliersee; Parkplätze am Bahnhof.
Bahn/Bus: mit dem Zug zum Schliersee, Haltestelle Fischhausen am Schliersee
Öffnungszeiten: Anfang April bis Anfang November Di bis So und Feiertage täglich 10–17 Uhr
Preise: Erwachsene 7 €, Kinder 3,50 €
Einkehr: Das wunderschöne Wirtshaus Beim Wofen liegt direkt auf dem Gelände.
Information: Markus Wasmeier Freilichtmuseum, Brunnbichl 5, 83717 Schliersee, Tel. 08026/716 69; Tourist-Info Schliersee, Tel. 08026/606 50

Kräuter werden geerntet, Gärten besichtigt oder man kann Handwerkern über die Schulter schauen und Fragen stellen. Die Väter können in der Zwischenzeit die hauseigene Bierbrauerei erkunden und natürlich auch testen.

Im Laufe des Jahres gibt es auch immer wieder Festivitäten wie Handwerkertage.

ten. Mütter haben ihre Freude an der Ausstellung über Strom im Lukashof. Der Skifahrer und zweifache Olympiasieger **MARKUS WASMEIER**, der Gründer dieses kleinen, aber feinen Bauernhofmuseums, ist gelernter Maler und Restaurator und steckt sein ganzes Herzblut in das Dorf. So viel Verbundenheit zur Heimat spürt man überall.

HEY KIDS,
ihr könnt den Besuch des Markus Wasmeier Bauernhofmuseums mit einer zwölf Kilometer langen RADTOUR rund um den Schliersee verbinden.

useum

rischzell

... Leitzachtal

Umgeben von beeindruckender Bergwelt liegen im Leitzachtal die Orte Bayrischzell und Fischbachau. Hier kann man toll wandern, bergsteigen, aber auch Rad fahren. Die Wege führen meist am Wasser entlang und sind so sehr kurzweilig.

Eine der schönsten Radtouren startet in Bayrischzell und verläuft flussabwärts entlang der Leitzach. Die Radtour ist durchgehend als **KAPELLENTOUR** beschildert und führt über Geitau zum Wolfsee und weiter mit einem kleinen Anstieg hinauf zur Wallfahrtskirche Maria Himmelfahrt von Birkenstein. Ein sehr sehenswertes kulturelles Kleinod. Der Rückweg führt dann noch ein Stück weiter aufwärts und schließlich wieder abwärts über Osterhofen vorbei an einem Kneipptretbecken zurück nach Bayrischzell.

Für Familien gibt es den tollen **WANDERWEG WENDELSTEINMÄNNLEIN**. Er startet im Kurpark und führt entlang vieler spannender Stationen über einen Aussichtsturm und vorbei am Wasserfall zur **GRÜNEN GUMPE** mit ihrem Spielplatz. Noch ein Stück weiter taucht dann nach etwa einer Stunde über den Wiesen das Bergcafé Siglhof auf und verwöhnt mit besten hausgemachten Kuchen seine Gäste. Vor dem Haus gibt es Sonnenliegen, einen kleinen Spielplatz und einen Traktor. Der Abstieg kann ab der grünen Gumpe zu einem Rundweg gewandelt werden.

Natürlich ist ein Ausflug hinauf zum **WENDELSTEIN** ebenfalls ein toller

Ausgangs-/Endpunkt: Bayrischzell
Anfahrt: **Auto:** über die A 8 bis Ausfahrt Weyarn, dann weiter auf der B 307 über Miesbach und Schliersee nach Bayrischzell; dort links zur Dorfmitte einbiegen.
Bahn/Bus: mit dem Zug über Schliersee nach Bayrischzell
Öffnungszeiten: Wendelsteinbahn 9.15–16 Uhr
Preise: Wendelstein Berg-und Talfahrt Erwachsene 21,50 €, Kinder 15 €
Einkehr: Bergcafé Siglhof, von Ende April bis Ende Oktober täglich bis 18 Uhr geöffnet
Information: Tourist-Info Bayrischzell, Kirchplatz 2, 83735 Bayrischzell, Tel. 08023/648, www.bayrischzell.de

Die Terrasse, die Kuchen, die Wiesen und die Aussicht vom Bergcafé Siglhof sind ein Gedicht.

Ferientipp. Der Gipfelweg führt zur Sternwarte und dem Kirchlein am Gipfel. Es gibt aber auch eine **SCHAUHÖHLE**, für die ein kleiner Eintrittspreis zu zahlen ist. Die **SEILBAHN** dazu startet im nahen Osterhofen.

Ein weiterer absoluter **GEHEIMTIPP**, der jedoch einige Autokilometer weiter in der Gemeinde Fischbachau liegt, ist der **SPIELSTADL HÜPF-SCHUPFGUGLHUPF** im Ortsteil Schneider, Grünberg 2. Er liegt in der Nähe von Hundham in einer tollen Lage auf dem Auerberg. Während sich die Eltern im Café mit leckeren Kuchen verwöhnen lassen, können die Kinder im Stadl toben und spielen (Eintritt 3,50 € pro Kind). Es gibt Ziegen, Traktoren und jede Menge Spielspaß im Heu!

WEITERE AKTIVITÄTEN

In Bayrischzell gibt es am Parkplatz Seeberg einen **MINIGOLF-PLATZ**, und wer Lust zum Schwimmen hat, findet hier ein Alpenfreibad.

49 Bad Feilnbach

In die Sterntaler Filze

Bad Feilnbach liegt an der Nordseite des Wendelsteins. Die Gegend ist für ihren Obstanbau und die Moore bekannt. Dinosaurierfans finden hier ein interessantes Urweltmuseum und Naturforscher machen sich auf zu einem Moorrundweg durch die Sterntaler Filze.

> **ALMWANDERUNG**
> Vom Bad Feilnbach aus können wir zu einer kurzweiligen Mini-Bergtour hinauf zur **TREGLER ALM** starten. Das schaffen auch schon kleinere Kinder und oben winkt eine tolle Einkehrmöglichkeit.

Das Moorbaden hat bereits seit über 100 Jahren in Feilnbach Tradition. Bekannt ist der Kurort aber auch für seine ausgezeichneten Obstsorten. Noch heute werden jährlich an die 300 Tonnen Äpfel, 50 Tonnen Birnen, 85 Tonnen Zwetschgen und 15 Tonnen Kirschen geerntet und verarbeitet. Bei so reichem Ertrag kann man sich vorstellen, dass sich im Frühjahr die Streuobstwiesen rund um Bad Feilnbach in ein einziges **DUFTENDES BLÜTENMEER** verwandeln. Jedes Jahr im Oktober gibt es in Bad Feilnbach Bayerns größten **APFELMARKT**. Ein Fest für die gesamte Familie. Kulinarische Köstlichkeiten, Bau-

Ausgangs-/Endpunkt: Bad Feilnbach
Anfahrt: **Auto:** Über die A 8 bis Ausfahrt Bad Aibling/Bad Feilnbach, dann weiter nach Bad Feilnbach; Parkplätze gibt es leider keine ausgewiesenen und die Sterntaler Filze liegt außerhalb des Ortes, am besten parkt man in Litzldorf am Gasthaus Höss, in Derndorf am Tiroler Hof oder in Wiechs; wer den Besuch mit einer Radtour verbindet, startet aus dem Ortskern von Bad Feilnbach. **Bahn/Bus:** mit dem Zug bis Bad Aibling, weiter mit Bussen, dann aber langer Fußweg
Öffnungszeiten: das ganze Jahr über
Preise: kostenlos
Einkehr: In Bad Feilnbach gibt es das sehr gute Gasthaus Pfeiffentaler.
Information: Tourist-Info Bad Feilnbach, Bahnhofstr. 5, 83075 Bad Feilnbach, Tel. 08066/14 44, www.bad-feilnbach.de

ernmarkt, Musik, Streichelzoo, Karussell, selbstgepresster Apfelsa schenfahrten und natürlich viel Wissenswertes rund um den Apfel wird geboten.

Ein anderes typisches Landschaftsbild für diese Gegend sind die weiten **MOORE**, die sich zwischen Bad Aibling, Kolbermoor und Bad Feilnbach erstrecken. Diese Moore entstanden vor über 10 000 Jahren nach der letzten Eiszeit. Nach dem Abschmelzen des großen Inntalgletschers bildete sich hier zunächst der Rosenheimer See von einer Größe des heutigen Bodensees. Als der See verlandete, blieben die

Ein Triceratops wacht über dem Eingang zum Urweltmuseum Neiderhell.

HEY KIDS,
um alle Bad Feilnbacher Sehenswürdigkeiten zu besuchen, macht man am besten eine FAHRRADTOUR. An der Sterntaler Filze müssen die Räder abgestellt werden.

Ein Barfußpfad der besonderen Art in der Moorerlebnisstation Sterntaler Filze garantiert eine Riesenmenge Spaß.

Hochmoore, der bayerische Begriff dafür ist Filzen, zurück. In den letzten Jahrhunderten wurde das Land trockengelegt und fruchtbar gemacht. Diese Umwandlung der Natur von Mooren zu Wirtschaftsflächen findet nun aber schon lange nicht mehr statt. Renaturierungsprojekte folgten und heute sind einige, wenn auch nur kleine Teile wunderbar in ein Ökosystem zurückgewandelt worden. Eines davon ist die **STERNTALER FILZE**, die Moorerlebnisstation. Hier stehen der Spaß am Entdecken des Moores und die Freude an der intakten Natur im Vordergrund. Auf Rundwegen gelangen wir über Moorbecken bis zur renaturierten Frästorffläche. Von extra errichteten **AUSSICHTSHÜGELN** und Vogelbeobachtungsstationen erfassen wir die Weite der Moore mit ihren großen Wasserflächen gut. Es gibt Balancier- und Kletterstangen und **MOOR-TRET-SCHLAMMBECKEN**. Also Wechselkleidung und eine große Plastiktüte für die verschlammte Kleidung nicht vergessen und unbedingt vorher den Kindern die Schuhe ausziehen!

Renaturierte Moorflächen

Oben: Einmal im Jahr lädt Bad Feilnbach zum großen Apfelmarkt ein.

Spannend ist aber auch der Besuch im nahen **URWELTMUSEUM NEIDERHELL** in der Steinbrucke Straße 4, Kleinholzhausen. Gegen einen kleinen Eintritt besichtigen wir jede Menge fossile Versteinerungen und Mineralien aus aller Welt. Neben Ammoniten, Dinosauriereiern, Fossilien, unter ihnen der seltene Kugelzahnfisch, sind versteinerte Bäume und eine riesige Mineraliensammlung auf 460 Quadratmeter ausgestellt.

audorf

check

Der Hausberg von Oberaudorf ist das Hocheck. Dort hinauf führt ein Sessellift. Er hat sich in den letzten Jahren mit einer Sommerrodelbahn, dem Hochseilgarten und dem Oberaudorfer Flieger zum Freizeiteldorado entwickelt. Wobei man auf diesem Berg auch einfach nur toll wandern kann.

Mit so vielen Anreizen motivieren wir auch gehfaule Kinder zu einer Bergtour. Egal ob wir vom Tal aus starten oder gleich Lifttickets kaufen, der **SPASSFAKTOR** wird am Hocheck ganz großgeschrieben. Eine der schönsten Wanderungen, gerade mit kleineren Kindern, startet an der Bergstation. Der **SAGENWEG** führt über mehrere Spielstationen hinunter bis zur Mittelstation. Größere Kinder machen sich auf den Weg vom Berggasthof Hocheck zur **RAMSAUER ALM**. Dort lässt sich die Tour auch rund um den Schwarzenberg ausdehnen. Egal für was wir uns entscheiden, die herrlichen Ausblicke über das Inntal hinüber zum Wilden und Zahmen Kaiser, der bereits auf österreichischer Seite liegt, sind ein wahrer Augenschmaus und gehören sicherlich zu den unvergesslichen Ferienerlebnissen.

Ausgangs-/Endpunkt: Oberaudorf
Anfahrt: **Auto:** über die A 8 und weiter auf die A 93 ins Inntal bis Ausfahrt Oberaudorf, dort der Beschilderung zu den Bergbahnen folgen. **Bahn/Bus:** mit dem Zug nach Oberaudorf
Öffnungszeiten: Bergbahnen täglich ab Pfingsten bis Kirchweihmontag 9.30–17 Uhr; Oberaudorfer Flieger am Wochenende 13–16.30 Uhr
Preise: Einzelfahrt Bergbahn Erwachsene 5,90 €, Kinder 4,70 €; Oberaudorfer Flieger Erwachsene 19,90 €, Kinder 15,90 €, dann Rabatt für Lifttickets; die Sommerrodelbahn ist bei der Bergfahrt inklusive, im Winter ist das Rodeln natürlich auch gratis.
Einkehr: Auf dem Hocheck gibt es den Berggasthof Hocheck sowie an der Talstation ein nettes Café.
Information: Hocheck Bergbahn, Carl-Hagenstr. 7, 83080 Oberaudorf, Tel. 08033/303 50, www.hocheck.com

Für eine Fahrt zu zweit gibt es auch Doppelsitzer-Bobs.

Ab der Mittelstation stellen wir das Wandern ein, denn dort beginnt die Action. Fahren wir rasant und schnell mit der **SOMMERRODELBAHN** über viele Kurven, einen 16 Meter hohen **360-GRAD-KREISEL** und zwei Jumps ins Tal? Oder wollen wir fliegen? Für den **OBERAUDORFER FLIEGER** ist jedoch eine ganze Menge Mut nötig. Nur an einem Drahtseil hängend, fliegen wir von der Abflugrampe hinunter zur Talstation. Das ist Nervenkitzel pur für Kinder ab 8 Jahren mit einer Mindestkörpergröße von 130 cm und einem Mindestgewicht von 31 kg.

KLETTEREINLAGE

Wenige Gehminuten von der Bergstation liegt der **WALDSEILGARTEN**. In diesem Klettergarten dürfen auch schon die kleinsten Kraxelzwerge in Begleitung der Eltern auf den Parcours.

nbachklamm

en im Inntal

Kiefersfelden ist der Grenzort zwischen Bayern und Tirol. Eine Wanderung durch die Gießenbachklamm ist bestens für Kinder geeignet, denn sie ist entlang des Wassers äußerst kurzweilig und lässt sich noch dazu mit der Wachtl-Bahn und der kinderfreundlichen Schopperalm kombinieren.

STADTBUMMEL

Eine Fahrt hinüber nach KUFSTEIN sollte man sich nicht entgehen lassen. Die alte Festungsstadt ist äußerst malerisch und einen Bummel wert. Achtung: Vignettenpflicht über die Autobahn!

Die WACHTL-BAHN ist eine historische Schmalspureisenbahn, die aber nur im Sommer an Wochenenden fährt. Sie startet im Ort Kiefersfelden und führt uns am KIEFERNBACH entlang bis zur Haltestelle Gießenbachklamm. Alternativ lässt sich die Tour natürlich auch von dort starten. Am großen WASSERRAD der Bleyer Säge wandern wir dann am Gießenbach entlang bis zum Klammbeginn. Der liegt gleich hinter dem kleinen E-Werk. Hier blicken wir in die erste FELSSCHLUCHT. Dann steigen wir aber über

Ausgangs-/Endpunkt: Kiefersfelden
Anfahrt: **Auto:** Über die A 8 und weiter auf die Inntal-Autobahn A 93 bis Ausfahrt Kiefersfelden; wer mit der Wachtlbahn fährt, parkt in der Ortsmitte, ansonsten Weiterfahrt in die Thierseestraße bis zu ihrem Ende. **Bahn/Bus:** mit dem Zug nach Kiefersfelden
Gehzeit: 2 Std. ab Bleyer Säge mit Rundweg über Trojer
Höhenmeter: 250 Hm
Preise: Wachtl-Bahn Hin- und Rückfahrt 6 €
Einkehr: Schopperalm geöffnet von 1. Mai bis Kirchweih täglich ab 9 Uhr, Mo Ruhetag, von November bis März nur an den Wochenenden
Information: Tourist-Info Kiefersfelden, Rathausplatz 1, 83088 Kiefersfelden, Tel. 08033/97 65 27, www.tourismus-kiefersfelden.de

steile Treppen nach oben und wandern auf einem Felsband – natürlich tadellos durch ein Gitter gesichert – hoch über der Schlucht. Unter uns gurgelt das Wasser, aber auch von oben tropft es nass herunter. An einem klei-

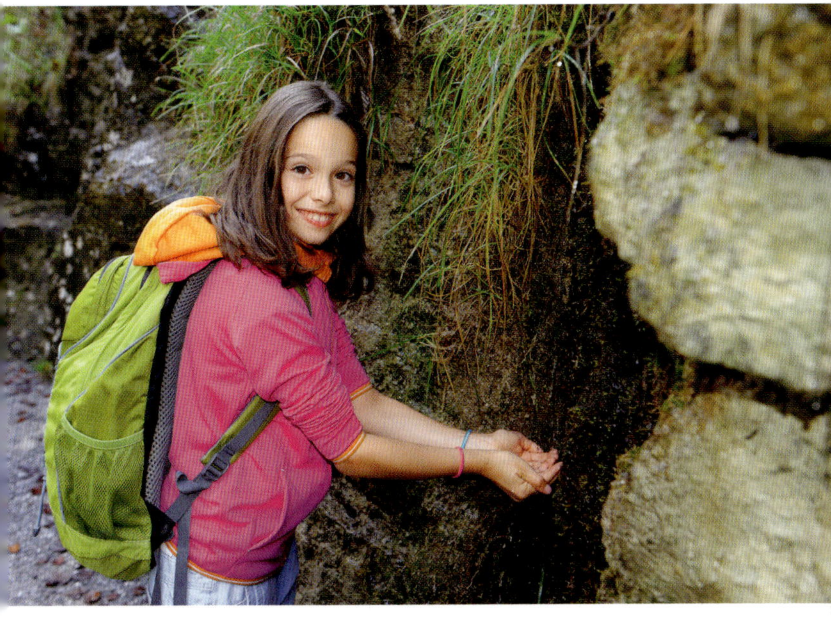

Sogar von den Wänden rinnt das Wasser in die Gießenbachklamm.

nen Stausee haben wir das Ende der Schlucht erreicht und wandern weiter zur nahen **SCHOPPERALM**. Die Alm ist ganz auf Familien mit Kindern eingestellt. Es gibt einen kleinen **STREICHELZOO**, einen Wasserspielplatz und sogar eine **BOBBYCAR-DOWNHILL-PISTE**. Zurück geht es dann wieder auf dem Hinweg oder aber wir dehnen die Tour zu einem netten Rundweg über den Weiler Trojer aus.

HEY KIDS,
wenn ihr baden möchtet, gibt es in Kiefersfelden das **SCHWIMMBAD INNSOLA**, den Hechtsee oder den nahen Hödenauer See mit seiner **WASSERSKIANLAGE**.

52 Rosenheim – die Innmetropole

Rosenheim ist eine außerordentlich lebhafte Stadt, die sich trotz ihrer langen Geschichte unglaublich modern und jung präsentiert. Ob Kultur, Shopping oder einfach nur die Atmosphäre genießen, hier ist für jeden etwas geboten.

Wir beginnen unseren Weg durch die Stadt am Hauptplatz, dem **MAX-JOSEF-PLATZ.** Seine Häuser gehen zum Teil noch bis ins Mittelalter zurück. Mit ihren Laubengängen und den vielen Straßencafés strahlt der Platz im Sommer ein fast mediterranes Flair aus. Den zweiten großen Platz der Innenstadt, den Ludwigsplatz, erreicht man durch das **MITTERTOR**, in dem das Heimatmuseum Geschichte der Stadt erzählt. Durch die Königstraße kommt man zum Rathaus, dessen Fassade man vielleicht aus der Fernsehserie **DIE ROSENHEIM-COPS** kennt, denn da ist das Gebäude die Polizeiwache. Nicht weit davon liegt der alte **LOKSCHUPPEN**. Dort werden in jährlichem Wechsel hervorragend gestaltete Ausstellungen zu kulturellen Themen der ganzen

SPECIAL-SHOPPING-TIPP
In Rosenheim liegt die Firmenzentrale der Gabor-Schuhe in der Marienbergerstr. 31. Schnäppchenjäger kommen dort voll auf ihre Kosten.

Ausgangs-/Endpunkt: Rosenheim, Max-Josef-Platz
Anfahrt: **Auto:** Über die A 8 bis Ausfahrt Rosenheim, dann weiter ins Stadtzentrum; zum Parken eignet sich der kostenlose Großparkplatz Loretowiese, ansonsten gibt es mehrere Parkhäuser um die Innenstadt. **Bahn/Bus:** mit dem Zug nach Rosenheim
Einkehr: In Rosenheim gibt es unendlich viele Möglichkeiten; eine Besonderheit: im Gasthof Stockhammer am Max-Josef-Platz kann man in einer im Original erhaltenen gotischen Stube essen, es ist der hinterste Raum im Gasthaus.
Information: Tourist-Info Rosenheim, Kufsteinerstr. 4, 83022 Rosenheim, Tel. 08031/365 90 61, www.touristinfo-rosenheim.de

Rosenheim besitzt einen Hauch von mediterranem Flair besonders an den Arkaden des Max-Josefs-Platzes.

Welt gezeigt, die sich ideal für Kinder eignen. Auf der Rathausstraße, der ehemaligen Gleisstraße, kehren wir zur Innenstadt zurück und besuchen noch den Riedergarten, einen Park, der durch den vor einigen Jahren geöffneten Stadtbach ein modernes Gesicht erhalten hat. Toll ist auch der **MANGFALLPARK**, das ehemalige Landesgartenschaugelände mit großem Erlebnisspielplatz und Minigolfanlage.

FERNSEHKRIMI

Wer mehr über die Drehorte der **ROSENHEIM-COPS** erfahren möchte, kann sich einer Führung dazu anschließen.

Die Wallfahrtskirche Maria Gern liegt am Ende der Almbachklamm-Wanderung.

CHIEMGAU UND BERCHTES-GADENER LAND

Chiemgau und Berchtesgadener Land

Chiemgau und Berchtesgadener Land, das klingt nach Urlaub und Erholung, nach schönen Tagen zwischen Seen und Bergen, in einem von Gott gesegneten Land. Hinter diesen Schlagworten verbirgt sich erfreulicherweise viel Wahrheit. Das Herzstück der Gegend ist natürlich der **Chiemsee**, der immerhin drittgrößte See Deutschlands. Drei Inseln liegen im See, zwei davon, die Fraueninsel und die **Herreninsel**, sind ganzjährig bewohnt. Die **Herreninsel** ist die größte, ihr Schloss, erbaut von König Ludwig II., hat sie weltberühmt gemacht. Das war aber nicht der erste Großbau auf der Insel. Von etwa 625 bis zur Säkularisation stand auf der Insel ein Kloster, seine Bauten werden heute Altes Schloss genannt. Es wird für Ausstellungen benutzt. Die Fraueninsel dagegen ist viel kleiner. Dessen ungeachtet bietet sie Platz für ein ganzes Fischerdorf und für die Benediktinerinnenabtei Frauenwörth.

Egal ob im Chiemsee, Simssee oder im Reichenhaller Thumsee – abtauchen geht überall!

Neben einzelnen Bächen hat der Chiemsee zwei größere Zuflüsse. Das ist die **Tiroler Ache**, die aus den Bergen viel Geschiebe mitbringt und deshalb ein weit verzweigtes **Delta** gebildet hat. Es steht unter Naturschutz und bietet zahlreichen Vogelarten einen Lebensraum. Der zweite Zufluss ist die Prien, die aus dem Tal von Sachrang kommt und nördlich des Ortes Prien in den Chiemsee fließt. Entwässert wird der See von der Alz bei Seebruck, das mit seinem **Römermuseum** an die römische Fernstraße erinnert, die hier am Seeufer vorbei Richtung Inn führte. Östlich des Chiemsees liegt die Kreisstadt **Traunstein**, die Goldgrube der Wittelsbacher. Hierher brachte man durch eine **Pipeline** Salzsole aus Bad Reichenhall, um daraus Salz zu gewinnen.

Auch **Bad Reichenhall** lebte und lebt vom Salz. Das Reichenhaller Markensalz hat den Ort weit über Deutschland hinaus bekannt gemacht. Nach Süden geht es über den Pass Thurn in das Berchtesgadener Land. Der **Königssee** und der Obersalzberg mit dem **Kehlsteinhaus** gehören zu den wichtigsten Touristenzielen. Eine Schifffahrt auf dem See ist auch für Kinder immer ein großes Ereignis. Daneben gibt es viele ruhigere Orte, die die Schönheit des Landes erschließen. Da wäre das Ramsauer Tal mit der berühmten Kirche. Das Tal reicht über den Hintersee bis zur Bindalm im **Nationalpark Berchtesgaden** und prunkt mit wunderbaren Blicken auf die **Felsabstürze** des Watzmann und der Reiteralpe. Oder die Auffahrt zur Wallfahrtskirche Maria Gern, die so schön vor dem Untersberg steht. Dabei sind natürlich gerade **Wanderungen** in die Berge des Chiemgaus und des Berchtesgadener Landes die absoluten Highlights in jedem Urlaub. Zum Glück haben die Tourismusämter sich auch schon voll auf Familien mit Kindern eingestellt. Zwischen Naturlehrpfaden, Klammtouren und Märchenparks kommt garantiert keine Langeweile auf!

Wunderbar ist auch der Hartsee an der Eggstätter Seenplatte.

Oben: Die Ziege hat den Futterautomat im Märchenpark Marquartstein schon lange entdeckt.

53 Am Simssee

Ein See für den Sommer

Der Simssee liegt unweit der Stadt Rosenheim und dient so schon fast als sommerliche städtische Badewanne. Auf jeden Fall ist er wunderschön gelegen und sein Wasser erwärmt sich schnell.

Pack die Luftmatratze ein … nimm das kleine Schwesterlein …

Fünf Gemeinden teilen sich den Simssee: Bad Endorf, Stephanskirchen, Riedering, Prutting und Söchtenau. Mit einer Uferlänge von gerade mal 14 Kilometern ist er zwar zu groß, um ihn mit Kindern zu umwandern, aber für eine Radtour ist er optimal geeignet. Da man natürlich nicht überall direkt am Wasser radeln kann, kommen allerdings ein paar Kilometer mehr zusammen. Insgesamt etwa 20 Kilometer misst der **SIMSSEE-RAD-RUND-WEG**. Dabei passieren wir die schönsten Plätze, wie

Ausgangs-/Endpunkt: Simssee
Anfahrt: **Auto:** über die A 8 bis Ausfahrt Rosenheim, dann weiter Richtung Stadtzentrum und der Beschilderung nach Bad Endorf folgen bis zum Simssee
Bahn/Bus: mit dem Zug nach Rosenheim oder Bad Endorf, weiter mit Bussen
Weglänge: 1,2 km
Einkehr: Rund um den See gibt es viele Möglichkeiten, z. B. den Gocklwirt am Weinberg von Stephanskirchen oder die Simssee-Stuben in Krottenmühl mit toller Seelage
Information: Urlaubsregion Simssee, Schömeringerstr. 16, 83071 Stephanskirchen, Tel. 08036/615, www.simssee.org

Die Ratzinger Höhe ist der schönste Aussichtspunkt zwischen dem Chiemsee und dem Simssee.

das Thalkirchner Moos am nordöstlichen Seeende oder das Moor-Naturschutzgebiet bei Ecking rund um den Abfluss der Sims. Mit dem Fahrrad erreicht man aber auch stressfrei und ohne lästige Parkplatzsuche die Badeplätze bei Baierbach, Krottenmühl oder bei Pietzing.

Ein Geheimtipp wären noch die beiden alternativen kleineren Badeseen, der **HOFSTÄTTER SEE** und der **RINSSEE**, die westlich des Simssees liegen. Wer lieber wandern möchte, kann vom Ostufer des Simssees auf die **RATZINGER HÖHE** gehen. Dieser Höhenzug mit vielen Wanderwegen befindet sich zwischen Simssee und Chiemsee und bietet traumhafte Aussichten über den Chiemgau, vor allem vom hölzernen **AUSSICHTSTURM** bei Hitzing.

SCHLECHTWETTERTIPP

Wenn das Wetter einmal nicht mitspielt, kann man auch in die **CHIEMGAU THERMEN** in Bad Endorf zum Schwimmen gehen.

54 Eggstätter Seenplatte

Toteisseen und Moorwiesen

Ein Ausflug hinein ins paradiesische Naturschutzgebiet der Eggstätt-Hemhofer Seenplatte ist etwas für die ganze Familie. Eine Wanderung, die zwischen den mystischen Toteisseen durch Hoch- und Niedermoore und dichte Wälder führt, ist spannend. Aber natürlich kann man im Sommer dort auch baden.

Am Badegelände des Hartsees ist man ganz auf Familien mit Kindern eingestellt.

Das mit rund 1000 Hektar größte Naturschutzgebiet im Chiemgau liegt nordwestlich des Chiemsees. Die **17 KLEINEREN UND GRÖSSEREN SEEN** sind nach der letzten Eiszeit entstanden. Als sich der Chiemseegletscher zurückzog, blieben riesige Eisblöcke zurück, die vom abfließenden Schmelzwasser des Gletschers mit Schutt und Geröll zugedeckt wurden. Es dauerte mehrere Tausend Jahre, bis das Eis geschmolzen war. Übrig blieben sogenannte Toteisseen, deren Seegrund aus Geröll, Steinen und Kies besteht. Oft liegen Moorflä-

Ausgangs-/Endpunkt: Eggstätt
Anfahrt: **Auto:** über die A 8 bis Ausfahrt Prien, weiter über Prien und Rimsting nach Eggstätt. **Bahn/Bus:** mit dem Zug nach Prien, weiter mit Bussen
Weglänge: 6,5 km
Gehzeit: 1 Std. 15 Min.
Ausrüstung: feste Schuhe, Badesachen
Einkehr: Hartsee-Stüberl
Information: Chiemsee Alpenland Tourismus, Felden 10, 83233 Bernau, Tel. 08051/96 55 50

chen zwischen den Seen und einige sind durch Bäche miteinander verbunden. Das **ÖKOSYSTEM** ist sehr empfindlich, deshalb besteht für einige Seen ein Betretungsverbot.

Etwas ruhiger geht es dagegen am nahen Pellhamer See zu.

Trotzdem führen verschiedene Wanderwege durch das Gebiet, allen voran die Via Julia, eine alte **RÖMISCHE VERBINDUNGSSTRASSE**, die wir auch bei einem Rundweg um den Hartsee erreichen. Am **HARTSEE** liegt das Badegelände Hartseebad neben dem Hartsee-Stüberl. Hier kann man nicht nur hervorragend einkehren, es gibt auch einen großen **SPIELPLATZ, BEACH-VOLLEYBALL-FELDER, MINIGOLF** und ein Floß im Wasser. Nur wenige Meter neben dem Stüberl gibt es einen Bootsverleih.

55 Amerang

Ein Dorf und seine Museen

Es gibt gleich mehrere Gründe seinen Urlaubstag in dem kleinen Dorf Amerang zu verbringen. Autofreaks betreten im EFA-Museum für deutsche Automobilgeschichte ein Reich des Schwelgens und Träumens. Und im Bauernhausmuseum tauchen wir in die gute alte Zeit ein und lernen viel über alte Handwerkstechniken.

Im EFA-AUTOMOBILMUSEUM treffen wir heute mit Sicherheit auf unser Traumauto. Chronologisch stehen hier über 220 Autos von 1880 bis zur Neuzeit. Die Reihe wird von den Urvätern aus der Automobiltechnik angeführt: Patentwagen von Benz, Daimler Motorwagen, Lutzmann »Dessauer«, Adler-Limousine, Loreley, Mercedes-Typen ver-

HEY KIDS,
in Amerang gibt es auch ein Schloss. Jedes Jahr im August tummeln sich drei Tage lang auf dem RITTERFEST Gaukler, Spielleute, Handwerker und Ritter.

Ausgangs-/Endpunkt: Amerang
Anfahrt: **Auto:** Auf der B 304 Richtung Wasserburg/Traunstein, nach Wasserburg bei Stephanskirchen rechts Richtung Amerang abfahren, die Museen sind beschildert; alternativ auf der A 8 Richtung Salzburg bis Ausfahrt Bernau/Prien und weiter über Bad Endorf nach Amerang
Öffnungszeiten: Automuseum von April bis Ende September Di bis So 10–18 Uhr, im Winter nur So; Bauernhausmuseum von Mitte März bis Anfang November Di bis So 9–18 Uhr, an allen Feiertagen geöffnet
Preise: Automuseum Erwachsene 9 €, Kinder 6–14 Jahre 4 €; Bauernhausmuseum Erwachsene 4 €, Kinder 6–15 Jahre 1,50 €
Einkehr: Toll sitzt man im Biergarten vor einem der alten Bauernhäuser des Freilichtmuseums, hier gibt es kleine Gerichte und selbstgebackenen Kuchen
Information: EFA-Museum für deutsche Automobilgeschichte, Wasserburgerstr. 38, Tel. 08075/81 41, www.efa-automuseum.de; Bauernhausmuseum Amerang, Im Hopfgarten 2, Tel. 08075/91 50 90, 83123 Amerang, www.bhm-amerang.de

schiedenster Klassen und viele mehr. Die Abteilung mit Fahrzeugen aus den 30er-Jahren ist besonders gut bestückt. Bei den Autos aus der **ZEIT DES WIRTSCHAFTSWUNDERS** bereitet auch die Dekoration eine wahre Freude. Nachgebaute Tankstellen oder Schaufenster versetzen uns in die 60er-Jahre. Aber auch neuere Autos aus den 80er-Jahren wie die Porsche-Rennwagenabteilung, die seltenen BMW M1 und Z1 oder der sportliche Mercedes 300 SL Coupé kommen nicht zu kurz. Zusätzlich ist im Untergeschoss des Museums noch eine Eisenbahnanlage der Spur II mit viel Liebe zum Detail aufgebaut. Zu jeder vollen Stunde fährt sie ein paar Runden.

Um die vielen Automobile genauestens anzusehen müssen wir genügend Zeit einplanen.

Oben: Anfassen und Mitmachen ist im Bauernhofmuseum Amerang fast überall erlaubt.

Eine weitere Attraktion in Amerang ist das **BAUERNHAUSMUSEUM**. Auf dem Weg durch das Museumsgelände entdecken wir die Vielfalt der ländlichen Wohn- und Arbeitsgebäude und erfahren viel Wissenswertes über das Leben, die Arbeit und das Handwerk früherer Zeiten. Viele Maschinen und Geräte, etwa verschiedene Mühlsteine, können wir ausprobieren. An Wochenenden gibt es, vor allem für Kinder, viele Veranstaltungen vom Ostereiersuchen über Kasperltheater, Volksmusiktage, Basteln für den Muttertag, **KINDERMAIBAUMFEST** mit Kranzbinden, Mühlentage, Butterstampfen bis zur **KARTOFFELERNTE**. Das Angebot ist vielfältig und wechselt ständig.

56 Höhlenburg Stein an der Traun

Raubritter und Burgfräulein

Es war um das Jahr 1270, da herrschte der gefürchtete Raubritter Heinz von Stein zwischen Salzburg und Landshut und kontrollierte von seiner Höhlenburg oberhalb des Flusses Traun die gesamte Gegend. Die Reste dieser in das Nagelfluhgestein gegrabenen Burg besichtigen wir heute.

Die Burg an der Traun gilt immerhin als die bedeutendste und GRÖSSTE HÖHLENBURG Deutschlands. Die SAGENUMWOBENE GESCHICHTE des Heinz oder Heinrich von Stein ist natürlich geschichtlich nicht eindeutig belegt. Trotzdem lebt der Raubritter in den Legenden weiter, und das haben wir den unterhaltsamen Burgführern und Burgführerinnen zu verdanken, die es verstehen die Geschichte äußerst lebendig und auch schaurig zu erzählen.

So werden wir durch die RUINENRESTE der Burg geführt. Im Inneren ist es sehr dunkel, feucht und unheimlich. Nur spärlich ist das Licht effekt-

Ausgangs-/Endpunkt: Höhlenburg Stein an der Traun
Anfahrt: **Auto:** Über die A 8 bis Ausfahrt Grabenstätt, über Grabenstätt am Chiemsee entlang nach Chieming und weiter Richtung Traunreut/Trostberg; Stein an der Traun liegt wenige Kilometer vor Altenmarkt/Baumburg. **Bahn/Bus:** mit dem Zug nach Traunstein, weiter mit dem Bus
Ausrüstung: Feste Schuhe sind nötig; warme Jacke, denn es ist kühl in den Mauern; am besten eine eigene Taschenlampe
Öffnungszeiten: Führungen von Mitte April bis Ende September, täglich außer Mo 14 Uhr, in den Sommerferien auch um 16 Uhr
Preise: Erwachsene 2,50 €, Kinder 1,50 €
Einkehr: Am Fuße der Höhlenburg liegt die Brauereigaststätte Martini, sie gehört zur Steiner Brauerei; neben guter Küche gibt es vor allem Bierspezialitäten.
Information: Höhlenburg Stein an der Traun, Treffpunkt zu den Führungen am Torbogen des heutigen Internats hinter dem Brauereigasthof Martini, Tel. 08621/59 84, www.steiner-burg.de oder www.traunreut.de

Gespenstisch sind die dunklen Ruinenreste beleuchtet – und sicherlich nur für ganz mutige Familien geeignet.

voll in den Steinmauern gesetzt. Zum Abschluss steigen wir noch die fast **STOCKDUNKLE**, nur von unseren Taschenlampen oder Kerzenlicht beleuchtete Treppe hinauf. Höher, immer höher geht es, bis wir zu einem Tor kommen. Dahinter liegen die Ruinenreste und das wiederaufgebaute Haupthaus mit den Stallungen des **HOCHSCHLOSSES**. Zurück im Tageslicht ist unsere Führung zu Ende und uns erwartet noch eine fantastische Aussicht über das Trauntal und die Chiemgauer Berge.

PERLE DES ROKOKO

Zwei Kilometer von der Raubritterburg entfernt liegt das ehemalige **KLOSTER BAUMBURG**. Das im Rokokostil verzierte Kirchenschiff ist wunderschön und es gibt viele Details zu entdecken. Es gehört zu den größten Kirchenkunstschätzen des Chiemgaus. Das Wirtshaus daneben ist sehr zu empfehlen, es wird von der Schwester des berühmten Kochs Alfons Schuhbeck betrieben. Auch sie kann hervorragend kochen, und das zu bezahlbaren Preisen.

57 Der Chiemsee

Am Bayerischen Meer

Der Chiemsee ist der größte See Bayerns und der drittgrößte See Deutschlands. Kein Wunder, dass man ihn auch das Bayerische Meer nennt. Drei Inseln liegen im Chiemsee, die Herreninsel mit dem Schloss, die Fraueninsel mit dem alten Münster und die kleine, unbewohnte Krautinsel.

Mit dem Fahrrad erreichen wir am Chiemsee einsame und ruhige Ecken.

Wer den Chiemgau und den Chiemsee genau kennenlernen möchte, sollte den See mit dem Fahrrad umrunden. Nirgends sonst gelangt man an so unberührte UFERABSCHNITTE und bekommt die schönsten Ausblicke geschenkt. Aber eine komplette Seeumrundung ist mit fast 60 Kilometer Länge für Kinder eindeutig zu lang. Deshalb empfiehlt es sich, nur ein Teilstück zu radeln und mit

Ausgangs-/Endpunkt: Prien am Chiemsee
Anfahrt: **Auto:** über die A 8 bis Ausfahrt Prien, weiter Richtung Stadtmitte, dann rechts in den Ortsteil Stock zu den Schiffsablegeplätzen und an das Chiemsee-Ufer. **Bahn/Bus:** mit dem Zug nach Prien, weiter mit Bus oder der Bockerl-Bahn (nur im Sommer)
Öffnungszeiten: Schifffahrt auf dem Chiemsee das ganze Jahr über, Klettergarten in den Sommermonaten
Preise: Kletterwald Erwachsene 22 €, Kinder 7–12 Jahre 16 €, Jugendliche 13–17 Jahre 18 €, Kinderparcours ab 4 Jahren 8 €
Einkehr: Unterwegs treffen wir auf jede Menge Biergärten, Strand-Cafés und Restaurants direkt am See.
Information: Tourismusbüro Prien, Alte Rathausstraße 11, 83209 Prien, Tel. 08051/690 50, www.prien.de, www.chiemsee-schifffahrt.de. www.kletterwald-prien.de

Idylle pur herrscht auf der Fraueninsel, aber die Privatsphäre der Häuser und Gärten müssen wir natürlich berücksichtigen, denn die Insel ist kein Freilichtmuseum!

dem Schiff bequem retour zu fahren. Der für uns schönste Abschnitt beginnt in Prien und führt nach Norden über die seichte **SCHAFWASCHENER BUCHT**, vorbei an der Halbinsel Sassau und über die Halbinsel Urfahrn, und endet schließlich in Gstadt. Von dort treten wir die Heimreise **MIT DEM SCHIFF** an, können aber noch Zwischen-

HEY KIDS,
bei schlechtem Wetter könnt ihr in Prien das Schwimmbad **PRIENAVERA** mit einer tollen Rutsche und fantastischem Blick zum Schloss der Herreninsel nutzen.

stopps auf den Inseln einlegen, wobei dort Fahrradfahren verboten ist. Das bedeutet, entweder schieben oder besser Fahrradschlösser mitnehmen, denn dann können wir sie bei einer Besichtigung abstellen. Wer noch Kraft hat, kann natürlich weiterradeln. Mit grandiosen Aussichten auf die weite Seefläche und die nahen **CHIEMGAUER BERGE** geht es über Schalchen, Mitterndorf, Gollenshausen und Lambach nach Seebruck. Wir überqueren den Abfluss der Alz, dann haben wir die Nordspange um den See geschafft. Hier gibt es wieder die Möglichkeit, mit dem Schiff zurückzufahren.

SEENSCHIFFFAHRT

Die Abfahrtszeiten der Schiffe sollte man unbedingt vor der Radtour erfragen. Achtung: Nicht jedes Schiff transportiert Räder. Es gibt aber einen praktischen Fahrradverleih, der Light-Touren anbietet. Dafür können wir in Prien ein Fahrrad mieten und z. B. in Chieming zurückgeben. Infos hierzu unter Tel. 08051/96 47 89 oder www.coovi.de.

Aber natürlich kann man am Chiemsee noch sehr viel mehr unternehmen. Die **HERRENINSEL** (Tipp 67) und die **FRAUENINSEL** sind auch ohne Radtour eine Besichtigung wert. Gerade die Fraueninsel mit ihrem uralten Münster und den netten Fischerhäusern ist äußerst anmutig. Es gibt keinen Autoverkehr auf der Insel, so können die Kinder überall umhersausen. Wer mehr Action sucht, besucht den **KLETTERWALD PRIEN**. 13 Parcours und 110 spannende Hindernisse erwarten uns in den Baumwipfeln. Schon die jüngsten Kinder ab 4 Jahren sind hier herzlich willkommen.

Und schließlich ist der Chiemsee natürlich bestens für einen Badeausflug geeignet. **STRANDBÄDER** gibt es überall rund um den See. Aber es findet sich auch immer mal wieder ein Steg, von dem aus wir einfach so ins Wasser hüpfen können. Eine der für uns schönsten Badestellen befindet sich am Südufer bei Feldwies. Westlich des **ACHEN-ZUFLUSSDELTAS** erstreckt sich der längste Naturstrand des Chiemsees. Am Strandbad Übersee mit seinen coolen Bars und Cafés erleben wir Karibikfeeling, vor allem wenn die Sonne untergeht. Es gibt Spielplätze, Beachvolleyballfelder und einen kleinen Hochseilgarten. Wer es ruhiger und natürlicher haben möchte, wandert von dort einfach die Landzunge weiter. Es gibt Naturstrände und den **VOGEL-BEOBACHTUNGSTURM LACHSGANG**.

Von Gstadt erreichen wir die Fraueninsel am schnellsten mit dem Schiff.

Vom Nordufer ist die Sicht über den Chiemsee auf die nahen Chiemgauer Berge am allerschönsten.

58 Märchenpark Marquartstein

Vergnügliche und wunderbare Kinderwelt

Direkt an den Ausläufern der Hochplatte, neben dem Schloss Niedernfels, liegt der Märchenpark Marquartstein mit herrlicher Sicht über die umliegenden Berge. Im Familienpark gibt es einen großen Erlebnisspielplatz, den Wildpark, Märchen mit bewegten Figuren und eine Sommerrodelbahn.

MUSEUMSBESUCH

Wer mit dem Auto unterwegs ist und noch Zeit hat, kann sich zwischen Rottau und Grassau das frisch renovierte **BRUNNHAUS KLAUSHÄUSL** ansehen. In dem kleinen Museum lernt man viel über die Salinengeschichte der Gegend.

»Wer dieses Schwert zieht aus dem Stein, wird bald ein edler König sein«. Auf dem Felsblock steht das **SCHWERT EXCALIBUR** und natürlich versuchen alle Kinder es zu ziehen. Auf Knopfdruck springt aber auch **RUMPELSTILZCHEN** wild um das Feuer und der Froschkönig quakt vor sich hin. So erleben wir auf einem Rundweg jede Menge Märchen mit beweglichen Figuren und Geschichten vom Tonband. Aber in diesem Familien-Freizeitpark gibt es noch viel mehr Attrak-

Ausgangs-/Endpunkt: Märchen-Erlebnispark Marquartstein
Anfahrt: **Auto:** über die A 8 bis Ausfahrt Bernau, weiter auf der B 305 Richtung Reit im Winkl, in Marquartstein am Rathaus rechts halten. **Bahn/Bus:** mit dem Zug nach Prien, weiter mit dem Bus bis Marquartstein, Haltestelle Rathaus, 2,5 km langer Fußweg
Öffnungszeiten: vom Beginn der Osterferien bis zum Ende der Herbstferien täglich 9–18 Uhr
Preise: Erwachsene 9,50 €, Kinder ab 90 cm bis 13 Jahre 8 €
Einkehr: Neben dem Park gibt es das Gasthaus Jägerwinkel mit einer großen Sonnenterasse, im Park gibt es viele Rastbänke.
Information: Märchen-Erlebnispark Marquartstein, Jägerweg 14, 83250 Marquartstein. Tel. 08641/71 05, www.maerchenpark.de

tionen. Die **SOMMERRODELBAHN** führt über fünf Kurven den Hang hinunter. Kinder dürfen ab 8 Jahren alleine ins Tal sausen, aber auch auf dem Schoß der Eltern ist das lustig. Vor allem, weil wir zuvor den Rodel mit eigener Kraft hinauf zum Startplatz ziehen.

Für Kinder ist die Rutsche super – als Erwachsene hat man Bedenken, darin stecken zu bleiben.

Überhaupt sind heute die **MUSKELN** der Eltern gefragt. Einige Karussells können nur durch Muskelkraft in Schwung gebracht werden. Aber die Anstrengung und die paar Schweißtropfen machen großen Spaß! Dann gibt es noch einen Abenteuerspielplatz mit Trampolins, Schwingseil, Schaukeln und Wippen sowie einen kleinen **STREICHELZOO**. Auch einige mit Münzen zu betreibende Miniautos fehlen nicht. Bei einem Rundweg den Hang hinauf zum Rotwildgehege werden die Kids durch den Wasserspielplatz ausgebremst. Und weiter oben gibt es noch die **HEXENSCHULE** und Geschichten über Wetterhexen. Am höchsten Punkt genießen wir dann die schöne Aussicht über das Marquartsteiner Tal und den Hochgern.

59 Naturkundemuseum Siegsdorf

Rudi und die Steinzeit

Wer hat Lust, in die faszinierende Welt der Steinzeit einzutauchen? Mit Bogenschießen, Brotbacken, Pfeilspitzenproduktion, Schmuckbasteln und Speerschleudern? Dann nichts wie hin zum Naturkundemuseum Siegsdorf und seinem Steinzeitgarten.

Es gab wirklich einmal Haie in Oberbayern, aber das ist zum Glück schon lange her.

Aber wer ist eigentlich **RUDI**? Rudi finden wir im Naturkundemuseum Siegsdorf. Und er ist kein geringerer als ein riesiges **MAMMUT**. Nahezu lebensecht und in Originalgröße begrüßt uns Rudi, der seinen Namen seinem Fundort im Gerhartsreiter Graben bei Rudhart zu verdanken hat, am Eingang zum Museum. Im Museum selbst ist alles Wissenswerte rund um die geologischen Besonderheiten des Chiemgaus, seine Fossilien und die Eiszeit dargestellt. Was sich wie staubtrockener Museumsstoff anhört, wird hier span-

Ausgangs-/Endpunkt: Naturkunde- und Mammut-Museum Siegsdorf
Anfahrt: **Auto:** über die A8 bis Ausfahrt Siegsdorf, viele Parkplätze am Bahnhof
Bahn/Bus: mit dem Zug nach Siegsdorf
Öffnungszeiten: Ostern bis Allerheiligen täglich 10–18 Uhr, November bis Weihnachten nur So 10–17 Uhr, Weihnachts- und Faschingsferien 10–17 Uhr, in der Zeit dazwischen Mi und So 10–17 Uhr; jeden Donnerstag Mitte Mai bis Mitte Oktober Programm im Steinzeitgarten
Preise: Erwachsene 7 €, Kinder 6–18 Jahre 4 €
Einkehr: Toll ist der »Hammerwirt« in der Nähe von Siegsdorf.
Information: Südostbayerisches Naturkunde- und Mammut-Museum Siegsdorf, Auenstr. 2, 83313 Siegsdorf, Tel. 08662/133 16, www.museum-siegsdorf.de

Verschwindend klein wird der Mensch im Gegensatz zu einem Mammut.

nend, interaktiv und lebendig präsentiert. Im Keller lernen wir etwas über die Geologie und die Kontinentaldrift. Außerdem sehen wir verschiedene Gesteinsarten, auch solche, die ganz gewöhnlich sind und somit überall in der Natur vorkommen. Im Erdgeschoss sind wir dann im Wasser und schwimmen durch das einstige **ADELHOLZENER MEER** mit seinen Versteinerungen. Wir können sogar in das komplette Gebiss eines Haies steigen. Im ersten Stock sind wir dann in der Eiszeit und bei Rudi angekommen. Das Skelett von Rudi beeindruckt immer wieder, genauso wie die spannende Geschichte seiner Entdeckung. Nach der Museumstour stürzen wir uns in den **STEINZEIT-GARTEN** und können bei jeder Menge Aktivitäten in das »Ice-Age«-Zeitalter schlüpfen.

HEY KIDS,
in der Nähe liegen die Alpenquellen von Adelholzen, dem Mineralwasser. Die **ADELHOLZENER WASSERWELT** könnt ihr Mo bis Do 8–16 Uhr selbst erkunden.

60 Freizeitpark Ruhpolding

Wichtel, Drachen und funkelnde Kristalle

Den Freizeitpark Ruhpolding gibt es schon seit über 30 Jahren. Aber er präsentiert sich immer wieder neu und zeitgemäß. Uns erwartet eine gelungene Mischung aus Märchenpark, großen Spielplätzen und wilden Karussellfahrten. Das Tolle daran ist, dass alles im Eintrittspreis enthalten ist.

> **BADESPASS**
> In Ruhpolding gibt es das WELLNESSBAD VITA ALPINA mit großem Saunabereich. Hier dürfen aber nicht nur Erwachsene ausspannen. Für Kinder gibt es Wellen, Wasserspielplätze und Riesenrutschen und im Sommer ein großes Freibad.

Gleich nach dem Eingang erwartet uns die WICHTELWELT in Form von Baumstämmen, Hütten und großen Pilzen. Auf Knopfdruck bewegen sich die Wichtelmänner zu Themen wie Sägewerk, Goldschmiede, Maler, Bäckerei oder Edelsteinschleiferei. Wissenswertes über die lokale Heimatgeschichte, diverse Märchen und etwas Naturkunde wechseln sich bunt durcheinander ab. Dazwischen liegen die ersten Spielplätze mit Baumhäusern, HÄNGEBRÜCKEN und Schwingseilen. Mit einer kleinen Eisenbahn ziehen wir

Ausgangs-/Endpunkt: Freizeitpark Ruhpolding
Anfahrt: **Auto:** Über die A 8 bis Ausfahrt Siegsdorf/Ruhpolding und weiter über Siegsdorf nach Ruhpolding; der Freizeitpark ist ausgeschildert, gebührenpflichtige Parkplätze vorhanden. **Bahn/Bus:** Mit dem Zug nach Ruhpolding, von dort schöner 4 km langer Fußweg zum Park, Busverbindung ist ebenfalls vorhanden.
Öffnungszeiten: von Ostern bis November täglich 9–18 Uhr
Preise: Erwachsene 11,50 €, Kinder ab 90 cm bis 11 Jahre 9,90 €
Einkehr: Im Park gibt es das Selbstbedienungsrestaurant Tischlein deck dich und zwei Kioske.
Information: Freizeitpark Ruhpolding, Vorderbrand 7, 83324 Ruhpolding, Tel. 08663/14 13, www.freizeitpark.by

Kreise um die Froschschule und anschließend geht es zu einer wilden Fahrt im **DRACHENRITT SIEGFRIED**. Ein Versuch mit den **WACKELRÄDERN** zu radeln sorgt immer für viel Gelächter.

Um die Froschschule kreist eine kleine Bimmelbahn.

Durch einen Tunnel erreichen wir dann das **DUNKLE KRISTALLBERGWERK**. Dahinter suchen die Kids am Wasserspielplatz selbst nach kleinen Halbedelsteinen. Hier lohnt sich das Picknick, denn die Kinder lassen sich in ihrem Edelsteinrausch kaum weiterbewegen. Aber auf uns warten ja noch die **DINOSAURIER**, die **GIPFELSTÜRMER-ACHTERBAHN**, der Abenteuerspielplatz und das große **RUTSCHENPARADIES**. Hier können wir auf Matten nebeneinander wellenförmig nach unten sausen. Die Mutigen wagen sich in die fast senkrecht abfallende Steilrutsche.

61 Familienort Ruhpolding

Holzknechtmuseum, Zauberwald und vieles mehr

Ruhpolding ist nicht nur für seinen Biathlon-Weltcup im Winter bekannt. Hier gibt es einfach ganz viel für Familien zu erleben. Das Holzknechtmuseum, der Sagenweg, ein Zauberwald und die nahen Berge sorgen für spannende Urlaubstage.

Das Gemeindegebiet von Ruhpolding ist allerdings wirklich sehr groß und viele der Attraktionen liegen in den jeweiligen Ortsteilen verstreut. Aber alles ist bestens ausgeschildert, sodass wir es sicherlich leicht finden. Das **HOLZKNECHTMUSEUM** liegt im Ortsteil Laubau. Es ist gleichzeitig ein Freilichtmuseum, in dem sich natürlich alles um die Arbeit im Wald dreht. Im Hauptgebäude ist die Entwicklung des Holzknecht-Berufs von früher bis heute sehr interessant dargestellt. Im großen Außenbereich besuchen wir dann viele Holzknecht-Hütten. Im Sommer gibt es jede Menge Kinderworkshops, Kinderführungen und Sonderprogramme. Die Kids dürfen sich aber auch einen Museumsrucksack ausleihen und selbstständig auf dem Kinderpfad entlang einiger Stationen Rätsel lösen.

> **HEY KIDS,**
> noch mehr Lust auf Berge? Auf den Unternberg führt bequem ein Sessellift, außerdem gibt es an der familienfreundlichen **UNTERNBERG-ALM** einen tollen Spielplatz.

Ausgangs-/Endpunkt: Ruhpolding
Anfahrt: **Auto:** über die A 8 bis Ausfahrt Siegsdorf/Ruhpolding und weiter über Siegsdorf nach Ruhpolding. **Bahn/Bus:** mit dem Zug nach Ruhpolding
Öffnungszeiten: Holzknechtmuseum von Mai bis Oktober täglich außer Mo 10–17 Uhr, in den übrigen Monaten laut Internet
Preise: Holzknechtmuseum Erwachsene 4 €, Kinder 2 €
Einkehr: In Ruhpolding gibt es viele Lokale, Eisdielen und Gaststätten.
Information: Holzknechtmuseum, Laubau 12, 83324 Ruhpolding, Tel. 08663/639, www.holzknechtmuseum.com; Tourist-Info Ruhpolding, Tel. 08663/880 60, www.ruhpolding.de

Ein anderes nettes Museum ist die historische **HAMMERSCHMIEDE** im Ortsteil Brand. In der weit über die Region hinaus bekannten Schmiede wurden neben Kuhglocken auch Werkzeuge gefertigt. Unweit dieses Museums liegt der **KLEINE ZAUBERWALD** zwischen den Ortsteilen Brand und Urschlau. Diesen können wir bei einer kurzen Wanderung besuchen. Unter dem Zauberwald darf man sich aber nichts Spektakuläres erwarten, vielmehr ist es ein wunderbarer Platz inmitten der Natur. Von Moos bewachsene Felsbrocken liegen verstreut im Wald, der geschwungene Wanderweg führt durch die bizarren Formationen. Für Kinder ein spannender und vollkommen natürlicher Waldspielplatz.

FAHRRADTOUREN

Wer lieber Radeln möchte, findet in Ruhpolding jede Menge Radwege. Ganz besonders toll ist die **STAUBFALL-FAHRRADTOUR**, die als Bike-&-Hike-Tour für größere Kids geeignet ist. Als großes Highlight erwartet uns am Talende der Staubachwasserfall, den wir zu Fuß erkunden. Dabei wandern wir sogar hinter den Wasserfall!

In so einfachen Rindenhütten lebten vor gar nicht so langer Zeit Holzfäller während ihrer Arbeit im Wald.

Aussichtsreich ist eine Fahrt mit der **RAUSCHBERGBAHN** auf den Ruhpoldinger Hausberg, den 1671 Meter hohen Rauschberg. Je nach Alter der Kinder können wir von dort zu vielen Wanderungen und Bergtouren aufbrechen. Eine tolle Familienwanderung verläuft flach im Tal auf dem **RUHPOLDINGER SAGENWEG**. Über acht Stationen werden (Spuk-)Geschichten und Sagen von Geistern, und Fabelwesen erzählt.

62 Rupertus Therme in Bad Reichenhall

Wasser marsch im Spa & Familien-Bad

Bad Reichenhall ist nicht nur für sein Salz bekannt, sondern auch als Kurort. Die Rupertus Therme kombiniert ein tolles Familienbad mit einer Thermen- und Wellnesslandschaft.

Splish-Splash – im Element Wasser fühlen sich alle Kinder wohl.

Die Eintritte können aber auch getrennt bezahlt werden, denn gerade Familien mit Kindern werden eher nur das große Familienbad besuchen wollen. Es gibt ein großes Sportbecken für alle, die ihre Bahnen ziehen wollen. Daneben liegt ein mollig warmes **FAMILIENBECKEN** mit Strömungskanal und Sprudelsitzbecken. Für Spaß und Action sorgt die 120 Meter lange Reifenrutsche und die **BREITE WELLEN-**

Ausgangs-/Endpunkt: Rupertus Therme
Anfahrt: **Auto:** Über die A 8 bis Ausfahrt Bad Reichenhall, weiter Richtung Stadtmitte; die Therme liegt direkt an der B 20. **Bahn/Bus:** mit dem Zug nach Bad Reichenhall, weiter mit dem Bus
Öffnungszeiten: Familienbad täglich 9–21 Uhr bis auf Weihnachten und Neujahr
Preise: Familienbad Tageskarte Erwachsene 15,50 €, Kinder unter 16 Jahren 10,50 €, Kinder unter 7 Jahren 5,50 €, es gibt auch Stundenkarten.
Einkehr: Im Bad gibt es ein Bistro.
Information: Rupertus Therme, Friedrich-Ebert-Allee 21, 83435 Bad Reichenhall, Tel. 08651/762 20, www.rupertustherme.de

Im Kurgarten von Reichenhall lässt sich auch ein Gradierwerk besichtigen. Was das ist? Findet es heraus!

RUTSCHE. Aber es gibt auch ein sehr nettes Babybecken. Für Eltern ist natürlich das Thermenparadies fantastisch zur Erholung und Entspannung. In den **SOLE-WASSERBECKEN** steckt die ganze Kraft des heilbringenden Alpensalzes, das aus 450 Meter Tiefe gefördert wird und direkt aus der Reichenhaller Saline in die Therme gelangt.

SALZWELTEN
In Bad Reichenhall lohnt sich ein Besuch der **ALTEN SALINE**, wo wir bei einer Führung viel über die Salzgewinnung erfahren.

63 Bergtour zur Halsalm

Almidylle mit feinstem Bergkäse

Eine wunderbare Wanderung führt vom Hintersee hinauf zur Halsalm. Mit atemberaubenden Blicken auf die Berge im Nationalpark Berchtesgaden geht es auf die 1211 Meter hoch gelegene Alm, auf der eine Sennerin einen hervorragenden Käse produziert. Selten schmecken Käsebrote mit Milch so gut wie hier.

Vom Parkplatz am südlichen Ende des HINTERSEES wandern wir auf der kleinen Straße ein Stück Richtung Süden. Nach der Schranke passieren wir die INFORMATIONSSTELLE DES BERCHTESGADENER NATIONALPARKS. Sie ist in einem wunderschönen alten Hof untergebracht, und natürlich lohnt sich ein Besuch. Kurz danach weist uns rechts ein Schild auf eine kleine

> HEY KIDS,
> eine ganz tolle Wanderung führt aus dem Ort Ramsau zum Hintersee. Dabei geht es durch den ZAUBERWALD, ein spektakuläres Geotop mit vielen Felsenformationen!

Ausgangs-/Endpunkt: Hintersee Ramsau
Anfahrt: **Auto:** über die A 8 bis Ausfahrt Siegsdorf, weiter über Inzell und auf der B 305 über Weißbach und Schneizelreuth Richtung Ramsau, dann rechts der Beschilderung zum Hintersee folgen und am See entlangfahren; gebührenpflichtiger Parkplatz gleich am südlichen Seeende. **Bahn/Bus:** mit dem Zug bis Berchtesgaden oder Bad Reichenhall und weiter mit Bussen
Gehzeit: 3 Std.
Höhenmeter: 700 m
Ausrüstung: feste Schuhe, Sonnenschutz
Tourencharakter: Unschwierige Wanderung; der Aufstieg erfolgt auf einer Almstraße, der Abstieg verläuft auf Bergpfaden; für Kinder ab 6 Jahren
Einkehr: Die Halsalm ist in den Sommermonaten bewirtschaftet.
Information: Tourist-Info Ramsau, Im Tal 2, 83486 Ramsau, Tel. 08657/98 89 20, www.ramsau.de

Almstraße zur Hochalm. Jetzt geht es hinauf und wir folgen stets der Beschilderung zur Halsalm.

Mit herrlichen Ausblicken bis zum Talschluss und zur Reiteralpe wird der Weg nach einigen Kehren flacher und wir erreichen an einem Viehgatter eine Almwiese. Mit etwas Glück können wir eine der KREUZOTTERN entdecken, die hier leben. Fast eben gehen wir an einer kleineren Almhütte vorbei und erreichen schließlich die Halsalm. Der Ausblick auf den Hochkalter, die Ramsau und den Hohen Göll ist postkartenverdächtig schön! An der kleinen Tür zur Stube kaufen wir Brotzeiten und Getränke. Vor der Hütte stehen einige Holztische und Bänke, da lässt es sich herrlich vespern. Vor allem der Käse ist sehr lecker! Den produziert die Sennerin selbst. Es gibt frischen SCHÜSSELKÄSE, der mit Salz und Pfeffer gewürzt ist, oder einen länger GEREIFTEN BERGKÄSE. Dass die Tiere in so herrlicher Natur glücklich sind, das schmeckt man! Nach der Pause wandern wir auf dem schmalen Pfad, der am Hauskreuz vorbeiführt, weiter. Es geht bergab und wir kommen in den Wald. Nach einigen Kehren und Stufen erreichen wir eine Abzweigung. Wir halten uns rechts hinunter nach Hintersee. So erreichen wir direkt an den Ausflugsgaststätten den Hintersee. Auf dem Seeuferweg gehen wir nach rechts zurück zum Parkplatz, unserem Ausgangspunkt. Dort gibt es gegenüber der Antonius-Kapelle einen kleinen Badestrand, aber der See wird – ganz ehrlich – auch im Sommer nicht sehr warm. Wer Lust hat, kann noch mit dem kleinen Fährschiff eine Rundfahrt zu den Quellen des Hintersees unternehmen.

Im Herbst ist Almabtrieb von der Halsalm, an dem Tag gibt es keinen Käse.

Oben: Die Informationsstelle des Nationalparks Berchtesgaden am Hintersee

64 Berchtesgadener Salzbergwerk

Eine Salzzeitreise zum unterirdischen Salzsee

Eine spannende Reise unter die Erde erwartet uns im Berchtesgadener Salzbergwerk. Dort dreht sich natürlich alles rund um das hier gewonnene Salz und seine Geschichte. Mit Rutschen und Lichtershows ein wirklich spannendes Spektakel.

Wir beginnen unseren Ausflug heute mit einer standesgemäßen Verwandlung zu einem Bergarbeiter. Bevor wir unter Tage fahren, ziehen wir die traditionelle BERGMANNSTRACHT an und dann geht es schon auf einer Grubenbahn in den Berg. Jetzt bitte lächeln! Denn es wird noch ein Foto von uns geschossen, das wir am Ende der Tour zur Erinnerung kaufen können. Wir dringen tief in den Berg ein. Es ist eng, dunkel und feucht. Über uns liegen gute 150 Meter Felsen und

FAMILIENBAD
In Berchtesgaden gibt es auch noch die große WATZMANN THERME – ein tolles Schwimmbad!

Ausgangs-/Endpunkt: Salzbergwerk Berchtesgaden
Anfahrt: **Auto:** Über die A 8 bis Ausfahrt Reichenhall/Berchtesgaden und der Beschilderung nach Berchtesgaden folgen, dort ist das Salzbergwerk ausgeschildert; gebührenpflichtige Parkplätze vorhanden. **Bahn/Bus:** Mit dem Zug nach Berchtesgaden, vom Bahnhof verkehren regelmäßig Busse, Haltestelle direkt am Salzbergwerk.
Ausrüstung: Feste Schuhe; Kinderwagen oder Rückentrage sind nicht möglich.
Öffnungszeiten: von Mai bis Oktober täglich 9–17 Uhr, von November bis April täglich 11–15 Uhr
Preise: Erwachsene 16 €, Kinder 4–16 Jahre 9,50 €
Einkehr: Direkt am Salzbergwerk gibt es die Bergschänke; in Berchtesgaden selbst sind jede Menge gute Wirtschaften.
Information: Salzbergwerk Berchtesgaden, Bergwerkstr. 83, 83471 Berchtesgaden, Tel. 08652/600 20, www.salzzeitreise.de

Mit dieser kleinen Bahn werden wir ins Salzbergwerk befördert.

Steine. An der **SALZKATHEDRALE** steigen wir aus und sausen über 40 Meter lange **HOLZRUTSCHEN** zum Soleboden des ehemaligen Sinkwerks. Eine faszinierende multimediale Show mit großem Lichtspektakel katapultiert uns in die fast **MYSTISCHE SALZWELT**. Dann geht es zu Fuß weiter. Der Führer erklärt unterhaltsam und kindgerecht viel Wissenswertes rund um das Salz und die Abbaumethoden. In der interaktiven Schatzkammer lernen wir mit Touchscreen-Terminals noch mehr über das weiße Gold, bevor wir, mit Musik und Lichtershow untermalt, mit einem Floß über den **UNTERIRDISCHEN SPIEGELSEE** hinwegsetzen. Viel zu schnell sitzen wir in dem Zug, der uns zurückbringt.

HEY KIDS,
nach so viel Salzigem ist euch vielleicht nach etwas Süßem? Direkt am Marktplatz lockt die **EISDIELE LA FONTANA** mit einer großen Eisauswahl.

65 Königssee

Garantiert kitschig

Der Königssee mit seinem türkisblauen Wasser, den hohen Bergen und der kleinen Kapelle St. Bartholomä mit dem roten Kuppeldach ist der Inbegriff an kitschigem Oberbayern-Idyll. Aber nur wer wirklich dort war, weiß, dass die Postkartenansichten nicht schwindeln. Am Königssee ist es einfach zum Niederknien schön.

Einsamkeit darf man hier allerdings nicht suchen. Hier herrscht gerade im Sommer ein Trubel mit Menschen aus aller Herren Länder. Davon sollte man sich aber nicht abschrecken lassen.

BADESPASS
Wer im Sommer schwimmen möchte, geht in das SCHORNBAD, ein Freibad in Schönau.

Von den großen Parkplätzen wandern wir durch den von SOUVENIRLÄDEN geprägten Ort Schönau. Da gibt es viel zu schauen. Unten am Ufer des Königssees kaufen wir gleich Tickets für die SCHIFFFAHRT, denn es kann bei Hochbetrieb schon mal zu Wartezeiten kommen. Mit dem Boot geht es dann über das Wasser zur Wallfahrtskirche ST. BARTHOLOMÄ. Während der Fahrt dürfen wir das BE-

Ausgangs-/Endpunkt: Schönau am Königssee
Anfahrt: **Auto:** über A 8 bis Ausfahrt Reichenhall/Berchtesgaden, dann der Beschilderung nach Berchtesgaden folgen. **Bahn/Bus:** mit dem Zug nach Berchtesgaden, weiter mit dem Bus
Öffnungszeiten: Das ganze Jahr über, bis auf den 24.12., fahren die Boote über den See, im Sommer natürlich sehr viel häufiger.
Preise: Schifffahrt St. Bartholomä Familienkarte 2 Erwachsene und bis zu 4 Kinder hin und zurück 34,80 €
Einkehr: In Schönau viele Möglichkeiten, sehr nett ist am Fuße der Jennerbahn die Seealm mit ihrem Minigolfplatz und dem Spielplatz.
Information: Tourist-Info Schönau am Königssee, Seestraße 3, 83471 Schönau, Tel. 08652/65 59 80, www.koenigsee.com, www.seenschifffahrt.de

Auch eine Ruderbootstour auf dem glasklaren Wasser des Königssees macht Spaß.

RÜHMTE ECHO des Königssees bei einem Trompetenspiel erleben. In St. Bartholomä können wir wandern oder einkehren.

Wer den See lieber selbst erkunden möchte, kann sich in Schönau auch ein **RUDERBOOT** ausleihen. Wer gar keine Lust auf eine Bootstour hat, kann natürlich auch wandern. Toll ist der kurze Weg bis zum **MALERWINKEL**, einem schönen Aussichtspunkt, oder der Weg entlang der Königsseer Ache bis zur Bobbahn Königssee.

OLYMPIAREIF

Einen Tempothrill mit Gänsehautfeeling können sich Adrenalin-Junkies im Winter an der **BOBBAHN AM KÖNIGSSEE** holen. Wer möchte und natürlich körperlich fit ist, bucht sich dort eine Mitfahrgelegenheit in einem Viererbob (Mindestalter 10 Jahre, Info unter Tel. 08652/97 60 69).

66 Almbachklamm

Rauschendes Wasser und eine Kugelmühle

Die Almbachklamm ist hervorragend für eine Familienwanderung geeignet. Kinder lieben es, entlang von Wasserläufen zu sausen. Da ist der Weg kurzweilig und selbst gehfaule Kids merken kaum, dass sie eigentlich wandern! Perfekt, denn wir hören kein Maulen!

> **WEITER WANDERN**
> Ein lohnendes Ziel in der Nähe ist die **SCHELLENBERGER EISHÖHLE**. Die erreicht man aus dem Tal aber nur mit einer dreieinhalbstündigen Wanderung. Am besten kombiniert man das dann gleich mit einer Übernachtung am Berg in der Toni-Lenz-Hütte.

Gleich zu Beginn der Klamm staunen wir über die **KUGELMÜHLE** am gleichnamigen Gasthaus. Einst gab es hier 40 Mühlen, die das Einkommen der Bergbauern aufbesserten. In den Mühlen wurden **MURMELN**, auch Schusser oder Marmeln genannt, durch

Ausgangs-/Endpunkt: Almbachklamm
Anfahrt: **Auto:** Über die A 8 bis Ausfahrt Reichenhall und weiter auf der B 20 über Reichenhall und Berchtesgaden Richtung Marktschellenberg; die Klamm ist ausgeschildert und liegt drei Kilometer südlich von Marktschellenberg, Parkplätze sind vorhanden. **Bahn/Bus:** Mit dem Zug nach Bad Reichenhall, weiter mit dem Bus
Gehzeit: 3 Std.
Höhenmeter: 300 m
Ausrüstung: feste Schuhe, Jacke in der Klamm
Öffnungszeiten: Von Mai bis Oktober täglich 8–18 Uhr, bei schlechtem Wetter können sich die Öffnungszeiten ändern.
Preise: Erwachsene 3 €, Kinder 6–16 Jahre 1,50 €
Einkehr: Am Eingang der Klamm liegt das Gasthaus Kugelmühle mit einem malerischen Biergarten und Spielplatz; nach dem Aufstieg aus der Klamm können wir uns aber auch beim Mesnerwirt neben der Ettenberger Wallfahrtskirche stärken.
Information: Tourist-Info Marktschellenberg, Salzburger Straße 2, 83487 Marktschellenberg, Tel. 08650/98 88 30, www.marktschellenberg.de

Viel Zeit zum Steinewerfen sollten wir uns mit kleineren Kindern am Almbach nehmen. In der Klamm gehören dann die Kleinsten an die Hand oder an ein Seil.

Wasserkraft produziert. Heute betreiben die Wirtsleute des Gasthauses die Kugelmühle nur noch für die Gäste und wir können die marmornen Kunstwerke im Kiosk käuflich erwerben.

Gleich hinter der Mühle liegt der Eingang zur **KLAMM,** durch die bis in die 60er-Jahre hinein noch Baumstämme zur Holzverarbeitung gedriftet wurden. Auf gut gesicherten Stegen, Wegen und Brücken geht es am rauschenden und **BRODELNDEN WASSER**

HEY KIDS,
wenn ihr noch mehr Action sucht, findet ihr südlich der Almbachklamm am Campingplatz Allweglehen einen spannenden **HOCHSEILGARTEN**.

Die Almbachklamm mit ihren rauschenden Wasserfällen ist ganz schön beeindruckend.

entlang. Wasser kommt auch nieselnd von oben, die Felswände ragen steil über unseren Köpfen empor. Unglaublich, mit welcher Kraft im Laufe der Millionen Jahre das Wasser durch mitführendes Geröll das Bachbett ausgehöhlt hat.

Am oberen Ende der Klamm entstand 1834 eine Staumauer, die THERESIENKLAUSE. Wenn die Holzknechte Bäume schlugen, wurden die Stämme einfach in die enge Schlucht geworfen. Hinter der Staumauer ließen sich 15 000 Kubikmeter Wasser aufstauen, die dann nach Schleusenöffnung mit einem großen Schwall durch die Klamm rauschten und alle Holzstämme ins Tal rissen. Der Steg am Gasthaus Kugelmühle diente als Auffangbecken für das gedriftete Holz.

Wie eine Kugelmühle funktioniert, wird uns am Beginn der Tour erklärt.

Je weiter wir nach oben gelangen, umso mehr beruhigt sich das Wasserspektakel. Wir kommen am Steg Nr. 17 zur Abzweigung nach Ettenberg. Hier führt unsere Wanderung dann weiter. Vorher geht es aber noch zwei Stege weiter bis zum Sulzer WASSERFALL. Zurück bei der Abzweigung steigen wir dann durch den Bergwald hinauf bis zum Mesnerwirt an der barocken ETTENBERGER KIRCHE. Von dort geht es zunächst über Wiesen und dann über die Hammerstielwand in einem steilen Abstieg zurück zu unserem Ausgangspunkt. Wem der Abstieg über die Hammerstielwand zu steil ist – kleine Kinder gehören hier an die Hand –, der wählt den etwas längeren GATTERLWEG, der ebenfalls zurück zum Ausgangsort führt.

67 Herrenchiemsee, das Versailles des Chiemgaus

Das Schloss des Märchenkönigs Ludwig II. auf der Herreninsel wurde seinem Wunsche entsprechend als genaue Kopie des Schlosses von Versailles gebaut. Es war einer seiner vielen Träume und ein wenig träumen auch die vielen Gäste, die alljährlich die Insel und das Schloss besuchen.

Mit dem Linienschiff erreichen wir die HERRENINSEL im Nordosten. Vom Landungssteg aus steigen wir den kleinen Hügel hinauf zum Alten Schloss, dem ehemaligen Augustiner-Chorherrenstift mit seinem prächtigen Klosterhof und dem gewaltigen Inseldom, der allerdings nur noch teilweise erhalten ist. Von hier aus führen mehrere Wege nach Süden, die uns alle zum Königsschloss bringen. Gerade mit Kindern können wir aber auch eine PFERDEKUTSCHENFAHRT ins

ROMANISCHES KLEINOD

Ganz in der Nähe von Prien steht die romanische Kirche St. Jakob von URSCHALLING mit ihrem hochmittelalterlichen Freskenzyklus. Für die Erwachsenen ein Muss!

Ausgangs-/Endpunkt: Chiemsee, Herreninsel
Anfahrt: **Auto:** über die A 8 bis Ausfahrt Prien, weiter ins Stadtzentrum und von dort der Beschilderung zur Chiemsee-Schifffahrt in den Ortsteil Stock folgen; großer gebührenpflichtiger Parkplatz. **Bahn/Bus:** mit dem Zug nach Prien, weiter mit dem Bus oder der Bockerl-Bahn (nur im Sommer)
Öffnungszeiten: Besichtigungsobjekte täglich, außer 1. Januar, Faschingsdienstag sowie 24., 25. und 31. Dezember geöffnet, viele Führungen
Preise: Die Außenanlagen sind frei zugänglich, Eintritt/Gesamtkarte Insel Erwachsene 8 €, Kinder frei, Kutschenfahrt einfach Erwachsene 3 €, Kinder 1 €, Schifffahrt ab/bis Prien Erwachense 7,40 €, Kinder 3,70 €
Einkehr: Schloss-Café und Schloss-Restaurant auf der Insel
Information: Bayerische Schlösser- und Seenverwaltung, Herrenchiemsee, Tel. 08051/688 70, www.herrenchiemsee.de

Springbrunnen, ganz nach dem Vorbild der französischen Gartenanlage von Versailles, ließ König Ludwig II. auf Herrenchiemsee errichten.

Auge fassen. Große Sichtachsen machen den königlichen Bau schon von Weitem sichtbar. Drei **BRUNNENANLAGEN** liegen vor dem Schloss: zuerst der ovale Latonabrunnen, dann, etwas höher, der Fama- und schließlich der Fortunabrunnen. In der warmen Jahreszeit sind die **WASSERSPIELE** der drei Brunnen regelmäßig in Betrieb. Das Neue Schloss ist ein dreiflügeliger Bau, zu Lebzeiten des Königs waren nur die wichtigsten Räume fertiggestellt. Die Höhepunkte der Besichtigung, die nur mit einer Führung möglich ist, sind der **GROSSE SPIEGELSAAL** und die privaten Räume des Königs mit dem berühmten **TISCHLEIN DECK DICH** in seinem Speisezimmer.

HEY KIDS,
im Schloss Herrenchiemsee gibt es auch **KINDERFÜHRUNGEN**. Infos und Termine unter www.herrenchiemsee.de.

Register

Impressum

Verantwortlich: Sabine Klingan
Redaktion: Christian Schneider
Layout und Illustrationen (Piktogramme): Eva-Maria Klaffenboeck
Repro: Cromika
Kartografie: Bruckmann GmbH, Heidi Schmalfuß
Herstellung: Barbara Uhlig
Printed in Slovenia by Florjancic

Sind Sie mit diesem Titel zufrieden? Dann würden wir uns über Ihre Weiterempfehlung freuen. Erzählen Sie es im Freundeskreis, berichten Sie Ihrem Buchhändler, oder bewerten Sie bei Onlinekauf.
Und wenn Sie Kritik, Korrekturen, Aktualisierungen haben, freuen wir uns über Ihre Nachricht an den Bruckmann Verlag, Postfach 40 02 09, D-80702 München oder per E-Mail an lektorat@verlagshaus.de.

Unser komplettes Programm finden Sie unter 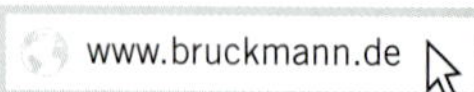

Alle Angaben dieses Werkes wurden vom Autor sorgfältig recherchiert und auf den neuesten Stand gebracht sowie vom Verlag geprüft. Für die Richtigkeit der Angaben kann jedoch keine Haftung übernommen werden.

Autorenempfehlung
Sie sind auf der Suche nach weiterführender Literatur? Dann empfehle ich Ihnen unseren Titel »Ab in die Ferien Südtirol«. Oder Sie werfen einen Blick in die Zeitschrift »Bergsteiger«. Hier werden Sie bestimmt fündig.
Ihre Lisa und Wilfried Bahnmüller

Bildnachweis: Alle Bilder im Innenteil und auf der Umschlagrückseite stammen von Lisa und Wilfried Bahnmüller.

Umschlagvorderseite: Wanderspaß in den Tegernseer Bergen (oben), Sommerrodelbahn am Blomberg (Tour 41), Radtour am Chiemsee (Tour 57, v. li. n. re)
Umschlagrückseite: Badespaß am Schliersee
Seite 1: Im Münchner Olympiapark gibt es das Sealife Aquarium – optimal bei schlechtem Wetter und in Kombination mit der BMW Welt (Tour 6) geeignet.

Die Deutsche Nationalbibliothek verzeichnet diese Publikation in der Deutschen Nationalbibliografie; detaillierte bibliografische Daten sind im Internet über http://dnb.d-nb.de abrufbar.

ISBN 978-3-7343-0143-8